職場がしんどい

つ [illegible] から抜け出す本

申 大樹
SHIN HIROKI

幻冬舎MC

はじめに

「『相手が悪い』と、1本指を人に向けてごらんなさい。折った残り3本の指は自分に向いているでしょう」

これは、貧困や病気に苦しむ人々に生涯をささげたカトリック教会の聖人、マザー・テレサの言葉です。人に人差し指を向けると、逆に中指、薬指、小指は自分のことをさしています。何か物事がうまくいかなかったとき、原因を他人のせいにしがちですが、考えなければならないのは実は自分のほうであるということを気づかせる名言です。

人は社会でほかの人と関わることなく生きていくことはできません。特に現役世代であれば働かなければ生計を立てられませんから、必然的に職場で人と関わっていくこととなります。職場での人との関わりのなかでは、厳しい上司のキツい言葉にストレスを感じているとか、不愛想な先輩の冷たい対応に心を痛めているとか、同僚と価値観が合わず不満をため込んでいるとか、今も昔も悩みの種は尽きません。昨今では、コロナ禍以降特にリモートワークが推奨されるなかで、相手の表情が読み取りにくかったり、チャットの短い言葉に真意がくみ取れなかったりして、思い込みや誤解から人間関係にストレスを感じる人もいるかもしれません。

こうした職場の悩みを解消するためには、マザー・テレサの言葉のように相手のせいにする前にまず自分を見つめ直すことが第一歩といえます。

私は2012年に訪問看護ステーションを設立して以来、複数の介護施設を運営してきましたが、当初は「もう仕事を辞めたい」と人間関係の切実な悩みを打ち明けてくる職員が少なくありませんでした。介護の仕事は、利用者やその家族と職員という、人と人が関わることで成り立つ対人サービスのため、人間関係の問題が頻繁に起こります。私は職員の悩みに寄り添いながら、どうすれば職場でしんどさを抱えずに済むのかと考えて、書籍、新聞コラム、ラジオ、時には動画配信サイトなどから人間関係の悩みにまつわるさまざまな情報を集めました。

それ以来、私は人間関係の悩みを抱える職員に、もっと自分を見つめてみるようアドバイスするようになりました。また、相手に不機嫌そうな表情や言動を見せていないか、相手の意図を理解しようとしたか、自分の価値観を押し付けていないか……ということを意識させることで、職員たちの言動が少しずつ変化し、職場全体の雰囲気も明るくなっていったのです。

本書では職場の人間関係を中心に、仕事に関する悩みで行き詰まったときどういう解決策があるのかを具体的に挙げ、すぐに実践できるヒントを書いています。

悩みに苦しんでいるあなたもきっと打開する手掛かりが見つかりますので、肩の力を抜き、リラックスして読んでみてください。この本があなたの人間関係のストレスを少しでも解消し、職場を幸福感いっぱいの場所に変えることができたならこれほどうれしいことはありません。

職場がしんどい　つらい人間関係から抜け出す本　目次

［第3章］　職場の人間関係がしんどい～相手に求め過ぎることをやめる～

［第1章］

人間関係が職場をしんどくする

「神よ、願わくばわたしに、変えることのできない物事を受け入れる落ち着きと、変えることのできる物事を変える勇気と、その違いを常に見分ける知恵とをさずけたまえ」（ニーバーの祈り）

「職場がしんどい」という職員の悩みを聞いていた日々

先輩に「何でも聞いてね」と言われたから分からないことを質問したら「そんなことは自分で考えて」と冷たく突き放された……。

同僚が陰口や愚痴をよく言う人で距離を取りたいけど、自分も同じように言われてしまう可能性があるから波風は立てたくない……。

後輩と仕事に対する価値観が合わなくて関係がギクシャクしてしまう……。

これだけでもすでに「私の職場でもそう」などと思った人は少なくないと思います。

「会社を辞めたい」というつぶやきは世の中に溢れています。単に会社に行くのが億劫だというものもあれば、人間関係などのトラブルによって心身を病むほど「職場がしんどい」という深刻なものもあります。

職場で働く以上は、攻撃してくる人や苦手と感じる人、分かり合えない人ともコミュニケーションを取らなくてはいけません。人生の多くの時間を過ごす職場で人間関係がうまくいかずにストレスが蓄積すれば、「もう会社を辞めようかな……」と投げやりな気持ちになるのも当然のことです。

私はこれまで人間関係の悩みを抱えた現場職員からの相談を数えきれないほど受けてきました。

例えば、正職員がパートの職員に在庫管理の仕事を依頼したときのことです。在庫管理を任されるというのは仕事の幅を広げるチャンスであるにもかかわらず、パート職員に「そんな責任のある仕事はできない」と断られてしまったというのです。正職員からは「パートの人は決められた仕事しかしないからなんとかならないでしょうか」といった相談を受けました。またほかの例では、仕事はできる一方で言葉づかいがきつい職員がいて、攻撃的な態度に耐えられないからもう辞めたいと言って私のところに相談に来ることもありました。

私はこういった相談を受けるたびに、問題を解決しようと情報を集めました。心理学や脳科学をはじめとし、人材教育やコミュニケーション術などのなかから具体的な手段が見つかれば問題を解決できるだろうと考えたからです。しかし、場当たり的なハウツーでは本当の解決には至らず、再び似たようなケースに頭を悩まされることになりました。

さまざまな情報を知れば知るほど、人間関係の問題というのはいかに解決が難しいのかを痛感させられることになりました。それでも、職員が長く働ける職場をつくっていくために、人間関係の問題は避けて通ることはできません。

職場の悩みランキングは「人間関係」が常に上位

社会人の多くは一日の大半を職場で過ごします。リモートワークの場合でも、誰もが日々さまざまな人と関わり合いながら仕事をしています。職場には年齢や立場、バックグラウンドの異なる人たちが集うので、人間関係のトラブルはつきものです。人間関係の悩みが高じて「しんどさ」を抱えている人は少なくありません。実際に、職場の悩みに関する調査では「人間関係」が常に上位にランクインしています。

厚生労働省の「令和2年労働安全衛生調査（実態調査）」によれば、「仕事や職業生活に関する強い不安、悩み、ストレスを感じる」と回答した労働者のうち、約3割が対人関係を理由として挙げています。対人関係のトラブルには「セクハラ」や「パワハラ」のように名称がついていて世間で広く認知されているものもあれば、一言では括ることのできないようないざこざもあります。

「理不尽なことばかり言う○○さんのせいで、ストレスがかかってしんどい」とか「愚痴ばかり言い合っている同僚のせいで、モチベーションが上がらなくてしんどい」とかいった悩みはよく耳にするものです。

ただ、このように「○○さんのせいで〜」と他人に原因を求めていると、そのしんどさが解決することはありません。こう言うと身も蓋もないようですが、「他人を変えることはできない」のです。

だからといって、自己犠牲の精神で「しんどい」を自分のなかにため込んでしまうのは真の解決法ではありません。「しんどい」が心身の不調となって現れることがあるからです。

「しんどい」が続くと心にも体にも悪影響

ストレスを感じても、その都度解消できていれば大きな問題には至りません。しかし、過度のストレスに長期間さらされ続ければ、心身に不調が現れます。

不調が出るということは、自分の限界が近づいていることを示す体からのサインです。

［図表１］　仕事や職業生活に関する強い不安、悩み、ストレスの主な要因と内訳

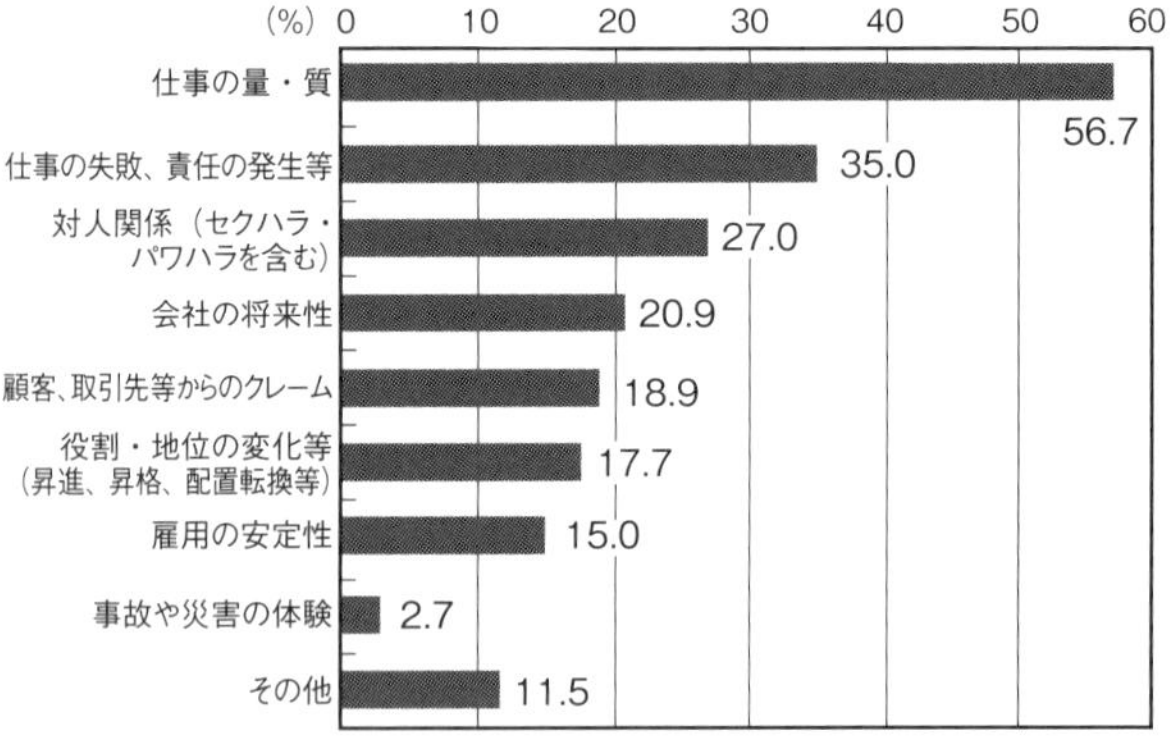

※厚生労働省「令和２年労働安全衛生調査（実態調査）」を基に独自作成
※常用労働者10人以上を雇用する民営事業所の常用労働者および派遣労働者を対象に、主な項目３つ以内の複数回答

頭痛や腹痛などのように本人も気づきやすい体調不良として現れることもあれば、気分が常に落ち込んだり感情の起伏が激しくなったりするなど、情緒が不安定になることもあります。また、もともとは几帳面な人が急に整理整頓ができなくなるといった、思いもよらない形で現れることもあります。

次に示すような不調が見られる場合は、すでにストレスの許容量が限界に近い可能性があります。

【身体に現れる不調】

・めまい、耳鳴り

・頭痛
・胃痛
・下痢、便秘
・食欲がない
・食欲が異常なほどある
・寝つきが悪い、眠りが浅い

【精神面に現れる不調】
・以前は平気だったようなことでもイライラする
・不意に不安になったり、緊張を感じたりする
・感情の起伏が激しくなり、突然涙が溢れてくる
・感覚が過敏になり、ちょっとしたことにも驚いてしまう
・気分が落ち込み、モチベーションが上がらない
・何をする気にもならない

本人が自ら不調に気づくこともあれば、上司や同僚が変化に気づいてくれることもあるかもしれません。ただ、本来は不調が出る前に、その「しんどい」の原因となっていることを解決できるのが理想です。

「しんどい」を抱えてしまいがちな人

ストレスの感じ方には個人差があります。同じ状況下にあっても問題なく働き続けられる人もいれば、深刻な不調が出るまで「しんどさ」を抱え続けて我慢してしまう人もいます。

ストレスを感じにくいのは、一言で言うなら「マイペースな人」です。周囲と必要以上に競い合うことをせず、それでいて自分の考えや感情を適切に表現できるタイプは人間関係においてストレスを感じにくい傾向があります。

一方、せっかちで周囲に過剰な競争心を抱いているような人は、日々の生活の些細なことでもストレスを感じやすくなります。行列に並んでいるときに、隣の列のほうが早く進んでいくとソワソワするような人は、日常の何気ないことにもストレスを感じます。

次に挙げる項目に心当たりのある人は、日常生活でストレスを感じやすいタイプだといえます。

・自分が想定したスピードで物事が進まないとイライラする
・何もしないでいると時間を無駄にしているように感じて予定を詰め込んでしまう
・他人が怠けていたり、些細なミスをしたりすると許せない
・価値観の合わない職員の言動に腹が立つ
・同僚や同期などに負けたくないという競争心が強い

ただ、このタイプの人が感じるストレスはすぐに解消するような一過性のものが多いのも特徴です。

これに対し、職場で人間関係のしんどさを抱えがちなのが、人当たりが良くて周囲と衝突することのないような「いい人」です。自分の感情を抑えることが習慣のようになっており、自分が我慢することでその場を丸く収めようとする人は、人付き合いにおいてスト

レスをため込みやすい傾向があります。周りから見ると円満な関係のなかにいるように見えても、本人すら気づかないうちにストレスがかかり続けていて、ある日突然心のバランスを崩すことがあります。

次の項目に心当たりのある人は、「いい人」であるがゆえに、人間関係のストレスをため込みやすいタイプだといえます。

・人から頼まれると断れない
・人に頼みごとをするのが苦手
・自分の希望より相手の希望を優先する
・みんなのために自分を犠牲にする
・周りとの摩擦を避けて、自分の感情を抑え込んでいる

このような「いい人」タイプの人は、無意識に我慢を重ねていることがあるので要注意です。

「しんどい」理由は自分にあると考える

心身に不調が出る前に「しんどい」から逃れるためには、転職を考えるというのも一つの方法です。しかし、転職した先でも人間関係の問題は多かれ少なかれ生じます。「(人間関係の問題を) 避ける」という方法を繰り返していては、しんどさが根本的に解決することはありません。

その解決法として本書で提案するのは「しんどい理由は自分にある」と考えることです。言い換えれば、自分次第で人間関係の問題を解決できるということであり、人生を幸せに生きるための主導権は自分にあるということです。

著名な精神科医で心理学者のアルフレッド・アドラーは提唱した「個人心理学 (アドラー心理学)」のなかで「人間の悩みのほとんどは対人関係の悩みに行き着く」と唱えました。例えば、健康についての悩みがあるとします。それは死ぬことによって家族や大事な人と会えなくなることが怖いのであって、もし世界に自分一人しか生きていなければ死は恐れるものではないということです。

ほかのケースも同様です。お金の悩みについては、周りと比べてお金がないことで買いたいものが買えないことが分かるから悩むのです。周りの人すべてが同じ行動しか選択できず、お金が自由に使えない状況だとしたら「お金があるかないか」は悩みになり得ません。

このように、すべての悩みは他者との関わりのなかで生まれるというのがアドラーの考え方です。

職場の「しんどい」も他者との関わりのなかから生まれます。上司の立場にいる人が、部下や後輩が思うように動いてくれず「しんどさ」を抱えることもあれば、逆に上司や先輩の理不尽な要求に「しんどさ」を感じている人もいるはずです。

だからといって、他人を変えようとしてもうまくいきません。

「部下が思うように動いてくれなくてしんどい」と感じるのはなぜなのでしょう。部下が自分の期待する行動をしてくれないために、自分の理想と目の前の現実のギャップに「どうしてそんなこともできないのか！」と怒りがこみ上げてくるからです。つまり、「しんどい」の原因は、相手に期待している自分にあると考えることができます。自分の「しんどい」の源にあるのは、自分自身の考え方なのです。

［第2章］

自分にしんどい

～まずは自分と向き合う～

自分の価値観の優先順位を考える

他者との関わりから生まれる悩みの一番の解決法だと私が考えているのは「他人を変えるのを諦める」ということです。

人の行動を決めるのはその人自身なのであって、周りの人がどうこうできることではありません。相手が行動を改めてくれることを期待するからこそ、相手が変わらないことにイライラして怒りがこみ上げます。

しかし、最初から期待せずに諦めてしまえば腹が立つことはありません。期待することこそが「しんどさ」の始まりなのです。期待することをやめて「今ある状況に満足して感謝する」という姿勢で臨んでみると、世の中の見え方や感じ方がガラッと変わります。

一方、他人を変えるのを諦めたら問題が解決しないのではないかと思う人もいると思います。そうではなくて、問題を解決するには、相手を変えようとせずに「相手が自らその行動を選択するために、私に何ができるか」を考えるのです。そして、そのために自分の言動や伝え方、接し方を、あの手この手で変え続けるのです。

例えば、会社で整理整頓ができず物などをよく紛失する人に改めてほしいと思うなら、

「仕事で使う物をなくさないで！」

とキツく咎めてもたいした効果はありません。そこで、

「毎日忙しくて大変だよね。疲れているのは分かるんだけど、机の上を整理整頓してくれるとみんなすがすがしい気分になるよ」

と自分の伝え方を変えてみます。それでも変わらなければ、

「あなたは些細なことだと思うかもしれないけれど、会社の物がなくなると上司の僕はつらいんだよね」

と自分のつらい気持ちを伝えることで、相手の行動が変わるかもしれません。どんな言葉が響くかは人それぞれです。このように手を替え品を替えて試していくうちに、相手の行動が変わるような働きかけができるようになっていくのです。


このように自分自身の行動を変えていくにあたって、まずは指針となる自分白身の価値観を整理していきます。ここで考えたいのは次の2点です。

・何のために働くのか
・何を大事にして働くのか

この２つを自分で把握できていないと、職場でしんどくなったときに自分の進むべき方向を見失って出口が見えなくなってしまいます。モヤモヤを抱えながら働くことになったり、やることなすことがまったく噛み合わずに無力感を覚えたりしかねないのです。そのような状態では、困難な状況を乗り越えようというエネルギーも湧いてきません。

働く目的や働くうえでの価値観を明らかにするにあたっては「自分は何のために生きるのか」「どう生きるのか」という人生の目的や人生の価値観を先にはっきりさせることが必要です。生きる目的が明確になれば、「働く」ということについての目的や価値観も見つけやすくなります。

とはいえ、生きる目的というのは大きな命題です。これに取り組む一つの方法として「価値の序列をつける」というやり方があります。まず、次の８つの項目についてあなたが大切にしている順に序列をつけてみてください。

・健康
・家族
・仕事
・お金
・友達（仲間）
・成長（学び）
・趣味（遊び）
・精神（宗教）

改めて考えてみると順位づけに悩んでしまうものですが、難しく考え過ぎないことが大切です。価値の序列は経験や育った環境に左右されます。また、同じ人でも年齢やタイミングによって順位が入れ替わることがあります。

今の自分にとっていちばん大事なものは何でしょう。自分が何を大事に生きているかを普段から意識していると、仕事で悩ましい選択を迫られたときに、自分にとって最善の選択をすることができます。

例えば、優先順位の１位が家族の場合を考えてみます。その人が、自分の成長のために休日も多くの時間を仕事関連の資格の勉強に割いているとしたら、他人から見れば、家族を優先せず、自分の「成長（学び）」を最優先にしているように映るかもしれません。しかし、本人の意識は周りから見た印象とは大きく異なるはずです。自分が学びに時間を割いているのは、より高い地位を得て経済的に余裕をもち、将来家族のみんなと楽しく過ごすためだといえる場合があるのです。優先順位がはっきりしていれば、目の前のことに取り組むうえでの感じ方や割り切り方の度合いに差が出ます。

どうするか判断に迷う場面では、価値の序列の上位３つに入ったものを優先的に選択し、それ以外のことは後回しにするのが望ましいです。

一方で、優先順位を意識せずに場当たり的に決断をしているとそうはいきません。自分の選んだ道を後悔したり、物事がうまく噛み合わなかったりします。

人生の価値の序列を自分でしっかりと認識できたならば今度は仕事の価値の序列について考えます。次の８つについて同様に順位をつけてみましょう。

・健康
・ライフスタイル（家族や趣味）
・やりがい
・収入
・仕事仲間
・自己成長
・自由や裁量
・価値観（会社の理念）

働くことは生きることのなかに含まれているので、似たような価値の序列になってくるのが自然です。働くうえでの価値の序列をつけることは、幸せに働くための第一歩です。

例えば、どの会社に転職しようか悩んでいる人がいるとします。就職先の候補はA社、B社、C社の3社の選択肢があります。

Ａ社　プレッシャーのかかる仕事で精神的にも肉体的にもハードだが、自分の裁量で仕事を進められる

Ｂ社　残業が多いので家族との時間をつくりにくいが、職場に一緒に働きたい仲間がいる

Ｃ社　収入は少ないが、スキルアップのチャンスがあり知識や経験を積むことができる

家族との時間を最も重視するならば、Ｂ社は選択肢から外れます。健康を最優先するならば、Ａ社は避けるべきですし、収入を最優先するならＣ社は選択肢から除外されます。自己成長をいちばん大切に考えるならＣ社は魅力的な選択肢となります。

価値の序列が明確になっていれば、人生の岐路や仕事の悩みに直面した際に自分に最適な答えを見つけやすくなります。周囲の雑音や虚栄心などの雑念によって決断がブレることがないので、後悔のない道を選ぶことができます。

もし価値の序列を明確につけることが難しければ、自分が重視する項目を３～４つに

絞っておのおのに点数をつけて数値化することで悩みを客観視することもできます。

例えば「ライフスタイル」「収入」「やりがい」「仕事仲間」の４つを選んだとして、A社～C社の項目ごとに10点満点として点数をつけて合計点を比較します。

A社　ライフスタイル５点、収入７点、やりがい８点、仕事仲間５点　合計25点
B社　ライフスタイル３点、収入５点、やりがい６点、仕事仲間９点　合計23点
C社　ライフスタイル４点、収入３点、やりがい７点、仕事仲間６点　合計20点

こうして比較することで、合計点がいちばん高くなったA社が最も適していそうだと考えることができます。

自分と向き合って自分なりの価値項目と価値の序列をつくることで、自分の価値観に合った職場を選ぶことができるようになるのです。

自分軸を見つける

価値の序列ができたら、自分自身のことをさらに深く知るために次のような質問を自分に投げかけてみるとよいです。ゆったりとリラックスできる場所で、自分と向き合ってみてください。

①子どもの頃から好きなことや好きなものは何ですか？　それのどんなところが好きですか？
②子どもの頃から時間を忘れて没頭してしまうことは何ですか？
③好きな人、憧れの人、尊敬する人は誰ですか？　その人のどんなところが好きですか？
④これまでの人生で、どんな成功体験がありましたか？　なぜ成功できたと思いますか？
⑤これまでの人生で、どんな困難を乗り越えてきましたか？　どうやって乗り越えまし

たか？

⑥これまでの人生で、どんな失敗体験がありましたか？　そこから何を学びましたか？

⑦努力していないのに、人から褒められたことやうまくいったことはありますか？

⑧今までどんなことに喜びを感じましたか？　悲しかった出来事はありますか？

⑨もし余命があと３日しかないとしたら、何をやりますか？

⑩お金をもらわなくてもやりたいこと、お金を払ってでもやりたいことはありますか？

⑪もしお金も時間も十分にあって何でもできる能力があるとしたら、何をやりますか？
　なぜ、それをやりたいのですか？

⑫これまで学んだこと、学び続けたことは何ですか？　これから学び続けたいことは何ですか？

⑬人生で最も大事にしている人生哲学、価値観や生活のルールは何ですか？

⑭あなたにとって理想の社会とはどんな社会ですか？

⑮その理想の社会を創るために、あなたは何ができますか？

これらの質問と向き合って自分自身を理解していく過程で、自分が働くうえで大切にしたいことが見えてきます。それが叶う職場であれば、幸せに働くことができます。

例えば次のような例が挙げられます。

Aさんは事務職に就いていました。上司に指示されるままに目の前の事務処理をコツコツと続ける毎日を送るうち、自分が何のためにこの仕事をしているのか分からなくなってきました。仕事にやりがいを見いだせずモヤモヤしていたAさんは、時間を取って自分の人生をじっくり振り返ってみることにしました。

自分の人生を振り返るうちに、小さい頃から弱い者いじめが許せないという信念を大切にしてきたことを思い出しました。今までに起こった出来事を思い返していくことで、立場の弱い人に手助けをする行動にやりがいや喜びを感じてきたことに気づくことができました。そこで、「弱者を救う」という自分軸にしたがって、福祉関連の事務職に転職しました。仕事の作業内容としては、大きな違いがあるわけではありません。しかし「弱者を救う」という自分の軸に合った職場で働いていることで、仕事を通して充足感を得ることができるようになりました。

どんな分野であっても自分の軸を大切にして仕事を選べば、仕事に対するやりがいを得やすくなります。その人にとっての充実感と達成感を得ることができるのです。

価値観の序列をつくることと自分軸をもつことは、数年に一度など定期的に行うとさらに効果的です。特に、大きなライフイベントがあったときには価値の序列が変化することがあります。結婚や出産、死別や出会いなどを通じて自分の生きる目的や価値観は変わっていくものです。

自分の価値観や自分軸が見えないままに生きていくのは、羅針盤をもたずに大海原を航海するようなものです。方向感覚を失ったまま迷走して生きるのは、とてもしんどいことなのです。

そうならないために今の価値観と自分軸を明らかにし、「何のために、何を大事にして働くのか」を常に頭に思い浮かべながら進んでいくことが大切です。

自分の強みと弱みを知る

自分の価値観を確認できたら、働くうえでの自分の武器を見直していきます。

どんな人にも得意なことと不得意なことがあります。学生時代を思い返してみれば、理系の人は数字や計算に強かったり、文系の人は読解力や文章力に優れていたりといったことがあったと思います。また、芸術面に秀でていて絵を描くのが得意な人もいれば、運動が得意でスポーツ万能な人もいたはずです。

学校のように点数や順位がついて目に見えやすければ単純明快なのですが、現実社会のなかでは必ずしも強みや弱みが分かりやすいとは限りません。そのため、自分の強みに気づかないまま弱みやできないことばかりが目についてしまい「自分には何の取り柄もない……」と落ち込んでしまう人も少なくありません。

私自身は飽きっぽい性格で、何をやっても長続きしないというのが悩みでした。しかし、それは見方を変えると「気持ちをすぐに切り替えていろいろなことに挑戦できる」という強みでもあります。強みと弱みは表裏一体で、視点を変えることで短所を長所として活かすことができるのです。

自分の弱みばかりが目につく人は、見方を変えて強みとして活かす方法を探す訓練をしてみると自分の思わぬ強みに気づくことができます。今の自分について「あり方」を変えるのではなく「見方」を変えることで価値を見いだすのです。自分の良いところはもちろん、自分では良くないと思うところもすべて受け入れて活かす方法を探しましょう。そうやって自分を受け入れられる人は、自己受容ができる人です。

「自己受容」の大切さ

自己受容ができれば、自分のすばらしさに気づけるようになります。そうすると自分を好きになり、自分を愛することができます。自分の長所を見つけて愛するのと同様に、他人の長所にも気づけるようになっていきます。また、自分の短所を受け入れるように、他人の短所も受け入れられるようになります。

一方、自己受容ができない人は自分の弱みを受け入れることができません。いつも自身を自分よりできる人と比べてしまい、自分の足りない点にばかり目がいってしまいます。

そういう人は他人についても悪いところや欠点ばかりが目につきます。その結果、他人を評価して否定的に見ることが多くなります。そのような見方をしていては人間関係はうまくいきません。そのため、自己受容ができることは人間関係を円滑にして幸せに働くうえで絶対に必要な条件となります。

もし理想の自分に近づくために自分を変えたいと願うなら、まずは自己受容をすることです。そのうえで「私は今のままでも十分すばらしい。よりいっそう素敵になれるように自分を変えていこう」という気持ちで臨むことが大事です。

自己受容することなく、人から褒められようとして努力をしても、結局幸せになれません。人から褒められたい人は、自分が他人よりいかに優れているかを比べる癖があるからです。自分より優れている人が現れたときに自信を失い、自己嫌悪に陥りかねません。本来、比較すべきは他人ではなく、過去の自分なのです。

強みと弱みは個性です。その個性は才能ともいえます。才能は誰かと比べるものではなく、自分の過去の経験などから見つけるものです。

才能というと人よりも秀でているところを見つけようとしがちですが、本当は「人と異なるところ」にあります。人間にはパズルのピースのように個性という凹凸があります。人間社会では凹の部分と凸の部分がお互いを補完し合って一枚の絵をつくり出します。パズルのピースが噛み合わなければ絵をつくることはできないし、もちろんピース単体では絵になりません。凹んでいる部分に合った凸の部分をもっているピースをうまく組み合わせて絵を完成させていくプロセスは、社会における人と人との営みに似ています。

大切なのは自分の弱みを転換して強みに変え、自分の性格を受け入れてそれを活かそうとすることです。そのうえで、自分の強みと他人の弱みを補い合って助け合うことができると自分に自信をもてるようになり、他者を信頼できるようになります。そして、互いに価値を提供し合うことで問題が解決し、人間関係は良好になっていきます。

「自分にできないこと」は「自分でやらなくてもいいこと」

誰にでも強みと弱みがあるという話をしても「どう考えてみても自分には人に誇れるような強みがないんです」と言う人がいます。そういう人は、自分の弱みを得意とする人を見つけたときに「すごいね！」と褒めることから始めてみましょう。

会社という組織のなかを見渡してみると、人を気持ちよく褒められる人というのは意外と少ないように思います。人は誰しも褒められたいし、褒められれば気持ちがよいものです。その割に褒めることのできる人が少ないということは、需給の関係を考えれば「褒め上手な人」は希少価値が高いのです。希少価値が高いことは強みになります。

また、人は褒められると相手に心を開いて「この人のために何かしてあげよう」という協力的な気持ちが湧いてきます。もしかすると自分が困ったときに、あなたの褒めた人が「私がやってあげるよ」と、あなたの弱みを補って助けてくれるかもしれません。できないことや苦手なことを誰かにやってもらうとすればその代わりに、自分ができることを誰かのためにやればよいのです。それを苦手としている人の弱みを補ってあげることで、相手に喜んでもらえ、自分自身の価値をなんとなく感じることもできます。それなのに、自分の苦手なことを無理してできるようになろうとするから「しんどさ」が生まれるのです。

自分の強みを見つける4つの方法

人間は自分のことほど見えていないものです。改めてこれまでの人生を振り返ってみると、自分で気づいていなかった強みが見つかることがあります。今まで生きてきたなかで次のような経験がないか思い出してみます。

・たいして努力していないのに、なんだかうまくいった経験
・自分ではたいしたことをしたつもりはないのに、他人から褒められた経験
・いろいろな人から何度も同じことを頼まれた経験

これらの経験は自分の強みを発見するためのヒントになります。成功体験なので自分自身でも分かりやすいものです。これらとは違う方向のアプローチが「他人の行動に対してイライラや怒りを覚えた瞬間」から探っていく方法です。他人の行動にイライラや怒りを覚えるのは、自分のなかでその価値観を大事にしているからこそです。自分は当たり前に

やっていることなのに、他人ができていないのでイライラするのです。

例えば、時間は絶対に守るべきだという価値観をもっていて遅刻をしないように行動している人のことを考えてみます。時間にルーズな人が集合時刻に30分遅刻して来たとしたら、待たされている間はイライラします。しかも相手が悪びれずに遅刻したとしたら、怒りすら覚えるかもしれません。この場合、時間を守ることがこの人の強みなのです。

自分の長所に気づくチャンスは日常のあらゆる場面にあります。挨拶をしっかりできない人を見て「なんて元気がないんだ、もっとしっかり挨拶しようよ」と心のなかで思う人は、おそらく「元気よく挨拶できる人」です。それは、挨拶で好印象を与えられるという強みを備えているということでもあります。

仕事におけるスキルの面でも同様のことがいえます。私の身近な例になりますが、介護の現場で歩行困難な人がイスから立ち上がろうとした際に、本来支えるべき位置から介助していないスタッフを見て「そのやり方では危ない！　そんなことも分からないの？」とイライラしたとしたら、それはその人がより高い介護技術をもっているということです。

このようにして強みを見つけたら、強み同士を掛け合わせてみます。自分の過去の特別な経験と掛け合わせてみるのも一つの方法です。

例えば、学生の頃に親の介護を経験したことがあり、人に教えることが上手で、気さくに話せる雰囲気をもった人がいるとします。その人は過去の経験から、介護の仕事で活躍できる可能性があります。それだけでなく、その人の強みを掛け合わせれば介護の資格を取るための学校の講師として生徒から慕われる先生になれる可能性もあるのです。

また、その経験がネガティブに思える出来事であったとしても自分の強みと掛け合わせることで自分自身を唯一無二の存在にしてくれるはずです。

話を聞くのが上手な人が、両親を幼くして失った経験があるとします。話を聞くのが上手な人は多いですが、幼くして両親を失うという経験をした人は多くはないでしょう。それは悲しい経験で乗り越えることは大変な道のりだったはずですが、その経験と強みを活かして養護施設に通う子どものカウンセラーとして活躍する道も拓けるかもしれません。強みとは人より優れることにあるのではなく、人と異なることにあるのです。

そして、一度自分の強みに気づいたなら、その強みを活かせる場を見つけてください。

イソップ寓話に「ウサギとカメ」というおなじみの話があります。ウサギとカメが競走し、歩みが遅くともコツコツと前進し続けたカメが勝つという結末です。しかし、カメはそもそも陸での勝負を受けるべきではありませんでした。ウサギが苦手な水中での勝負をすれば楽に勝てたのです。このように、どこに自分の強みを活かせる場所があるのかを見極めることが大切です。

今の仕事は「やりたいこと」「できること」どちらなのか

自分の強みを明らかにしたとき、それが自分の「やりたいこと」と一致していればまったく問題ありません。しかし、自分の強みとやりたいことが異なる場合があります。そんなとき、自分の強みを活かした「できること」を仕事にするのか、自分が「やりたいこと」を仕事にするのかというのは悩ましい問題です。

そんな相談を持ち掛けられたとき、私なら次のように答えます。

若い人には「若いうちは、まだ経験が少なくて本当に得意なことが分からないから、好きなことを見つけてどんどん挑戦したほうがいいよ」と伝えます。自分がやりたいことで芽が出るなら、それに越したことはないからです。好きなことであれば、あらゆる努力をして諦めずにとことんやり続けることができます。するといつか才能が開花して、世間に認められるようになるかもしれません。

その一方で、中高年の方には「自分が経験してきたことのなかから自分にできることをやって、社会に貢献したほうがよいですよ」と伝えます。多くの人は若いうちは好き勝手に生きてきています。中高年とされる年齢になるまで好きなことをやっても芽が出ていないのなら、まずは収入を得るほうが優先です。自分ができることや得意なこと、強みや長所を活かすことで周囲の困った人を助けることができます。すると、そこに価値が生まれ対価が支払われます。このように経済的には「できることをする」ほうが有利です。

いずれにせよ、自分のできることを活かしたり才能を伸ばしたりするには「継続すること」と「経験を積むこと」が大事です。たくさんの競合に打ち勝つためには、途中で諦めることなく人より秀でたところを見せつけるまで才能を伸ばしていく必要があります。そうやって継続するのが「努力する」ということです。

好きではないことについて努力し続けていくのはしんどいものです。仮に、ある程度の成功を手にしたとしても、幸せに生きているとはいえません。そう考えると自分が好きなことをしたほうが継続しやすく、続けていれば周囲より秀でることができるはずです。

自分が好きな分野で努力することは、周囲からは過酷な鍛錬に見えても本人にとっては苦にはなりません。コツコツ続けることは、ドキドキ・ワクワクして働くのと同じくらい大切なことです。「やりたいことをする」という選択は、同じことを続けられるという点で才能が開花する可能性が高まるのです。

ここまでの話をまとめると、

・経済的に成功するには「できること」をする
・幸せに生きるには「やりたいこと」をする

という筋道が見えてきます。

この2つはそれぞれ別の視点に立っています。できることをするのは「相手が何をどうしてほしいのか」に応える相手視点です。一方、やりたいことをするのは「自分が何をどうしたいのか」という自分視点です。

やりたいことをする場合、素質がなければ才能が開花するまでに時間が掛かります。場合によっては花咲くことなく年を重ねてしおれてしまうこともあります。才能が開かずに世の中に役立たなければ、社会に貢献することはできません。言い換えれば、その才能を活かして生計を立てられないということです。

若い時期は好きなことをし、中高年になったら得意なことをします。そして、自分が生活に困らないくらいの十分な貯蓄ができたなら、その時点で再び好きなことを仕事にすることに挑戦するという道もあります。

成功するために「目標」を見直すことも必要

自分の価値観にしたがいつつ強みを活かせる職場を選ぶことができれば、その道は幸せな成功につながっています。それにもかかわらず、なかなか成功を手にすることができない場合がありますが、仕事の成功を阻む原因は自分の心のなかにあるといえます。

もし一生懸命取り組んでいるのになぜか努力が実を結ばないのなら、深層心理で成功を阻むブレーキが掛かっている可能性があります。そのブレーキを外さない限り、成功を手にすることはできません。

まず見直したいのは、自分がやりたいと思っていることは自分が真に望んでいるものなのかということです。価値観や自分軸を明らかにしていく過程において、心のどこかで「人からどう見られるか」ということを気にしていなかったでしょうか。その場合、一生懸命頑張っていてもなぜかうまくいかないという結果になりがちです。

受験のことを思い出すと分かりやすいかもしれません。周りのみんなが目指しているからという理由で、自分の進路と志望校を決めたところ、本人は頑張ったつもりだったのに不合格になってしまったというのはよくある話です。表向きは望んでいるように見えても、自分自身が真に望んでいなければ、自分の内なるパワーを発揮することができません。見えない力がブレーキを掛けてしまうのです。

また、行動する動機がどんなものかということも大切な要素です。「他人から嫌われたくない」「周りから自分の価値を否定されたくない」「このままでは追い抜かれてしまうかもしれない」といったネガティブな動機が根底にある場合もうまくいかないことが多いです。

行動する動機のなかに不安や心配や恐れが多くあると、成功への長い道のりを進み続けることができません。それに対して「社会を豊かにしたい」とか、「周りの人を幸せにしたい」とかいった愛や喜びが動機の中心にあるときには成功へのレールが敷かれます。

自分が目指す方向に進もうとしているのに何かに阻まれているかのようにうまくいかないというときは、その「目標」が本当に魂レベルでやりたいことなのか、そして行動の動機は愛や喜びから生じているのかということを、改めて自分自身に問い直してみましょう。

恐れや不安の動機を愛や喜びの動機に変える

自分の行動の動機が愛や喜びからきているかどうかを知るためには、自分の内面をよく観察することです。動機が恐れや不安、心配、焦りなどのネガティブな感情からくるものであれば、働くことがしんどくなります。「恐れや不安を避けたい」と問題を回避しようとする場合、恐れや不安を意識し過ぎることで、それを感じるような出来事を無意識に引き起こしてしまうからです。一方、希望や願望、貢献などの愛と喜びの感情から行動する場合は、願いを実現する方法を無意識に見つけようとします。

このように視点を変えて、恐れや不安の動機を愛と喜びの動機に変えていくのです。

例えば、「生活が苦しくならないように仕事を頑張る」と思っているとしたら「社会の役に立つことをして収入が増えるように仕事に夢中になる」と考え方を変えます。「自分の価値が否定されないように結果を出そう」と思っているとしたら「自分の能力を出し切ったら何の役に立てるだろう」と考えます。「このままだとお店が倒産するから必死になろう」と思っているとしたら、「お客さまに喜ばれるサービスをすることに集中しよう」と考えます。

同じ取り組みをしても、動機が恐れによるものか愛によるものかによって結果が変わります。

恐れや不安などのネガティブな感情が心を占めるときには、意識のベクトルが自分の内側に向いています。それを「誰かのため」という自分の外側に向ければ、愛の動機に変えることができます。

例えば、悩みを抱え自殺を考えていた人が道を歩いているとします。

「もう私なんて何をやってもダメだ。何をやってもうまくいかない。もう死んでしまいたい……」

そんなふうに思っていたとき、目の前で通行人が車にはねられて倒れてしまいました。

「どうしよう。大変だ。助けないと。なんとかしなきゃ」

息はしているか、脈はあるか、意識はあるか、近くに人はいないか、救急車をすぐ呼ばなくてはいけない……意識が内から外に向いたことで、自分の悩みや不安は一瞬にしてどこかに吹き飛んでいってしまいます。

誰かのことを嫌になってしまった場合には「私だったらそうはしないのに」と、自分と相手との違いに関心が向いていますが「これを嫌だと思わない人がいるとしたら、どういう人だろう？」と他人に関心を向けてみるとよいです。

また「役に立ちたい、能力を活かしたい、良い関係をつくりたい、助けたい」などの希望や意思で動くのは喜びの動機です。

「しなければならない」「すべきだ」という義務感や正義感でやっていることを「やりた

い」「したい」という自分の意思でやるようにするとストレスが減ります。他人のためにやらなければならないと思うのではなく、他人のためにやりたいという気持ちを見つけて膨らませることが大切です。

これは自分の仕事の価値を見つけることにもなります。例えば「緊急の呼び出しがあったらすぐに行かなければならない。だからしんどい」と考えていたとします。それを「緊急の呼び出しがあったら困っている人を助けることができる。だから行こう」と変換できると、仕事の価値を感じることができます。

相手の都合によって呼び出される類いの職業には、消防隊員や警察官をはじめ、往診医や訪問看護師、施設管理者などさまざまなものがあります。常に気が休まることがないので精神的にもプレッシャーがかかります。肉体的に大変なこともありますが、喜びの動機をもつことができれば、その仕事に価値を感じられます。

私生活においても、年老いた親の介護をすることになったとしたら「親の介護をしなければならない」ではなく、「育ててくれた感謝の恩返しをする番だ。だから親の介護をしたい」と自分の喜びとなるような考え方をします。そのためには、介護の量を負担のない範囲に調整することも大切です。

ポイントとなるのは「世のため人のためになることを、自分がやりたいからやる」という自己中心的利他の精神です。同じ仕事をするとしても、考え方次第でストレスから病気になってしまうこともあれば、幸福を感じることもあります。

これは、物事を続けて習慣にするためのコツでもあります。

また、恐れや不安の動機では脳内でアドレナリンが分泌され、愛の動機ではエンドルフィンが分泌されます。アドレナリンは緊張のホルモンで、エンドルフィンは幸福のホルモンです。エンドルフィンは感謝の気持ちを伝えたり受け取ったりしたときに多く分泌されます。

さらに、喜びの動機から行動しているときには、快感を与えるドーパミンが分泌されます。つまり、愛や喜びの動機がベースであれば、幸せを感じながら行動することができるのでストレスが生まれることはないのです。

心の置き場所を整える

愛や喜びの動機から行動するには、心の置き場所を常に整える習慣をもつことが役立ちます。心は揺れ動くものです。しかし、まったく同時にプラスとマイナスの感情を抱くことはありません。例えば、喜びながら悲しむことはできませんし、楽しみながら苦しむこともできません。

古代中国の自然哲学に陰陽二元論というものがあります。この世の中は、陽と陰という２つの相対する事象でできているという考え方です。

大きいと小さい、高いと低い、長いと短い、重いと軽い、明るいと暗い、速いと遅い、暑いと寒い、善と悪、勝利と敗北、肯定と否定、正と負、光と闇、左と右、生と死……。このように相反する２つの事象の一方を陰とし、他方を陽とします。物事は陰陽のうちどちらか一方の事象に決まります。そして一度決まると、もう一方の事象になることはありません。

心の状態にも陰陽二元論は当てはまり、次のように分類されます。

陰：悲しみ、苦しみ、つらさ、不快、恐怖、不安、不満、愚痴、泣き言、罪悪感、義務感、欠乏感、否定的、消極的、受動的、無理、ダメなど

陽：愛、喜び、うれしさ、楽しさ、快さ、ワクワク、安心、感謝、尊敬、充実、熱中、充足感、肯定的、積極的、能動的、可能、賞賛など

しかし、心がほかのことと異なるのは心の状態がコロコロ変わるということです。本当は陰か陽の一方にあるほうが安定します。もし、この世の物事が2つの事象を頻繁に行き来してしまったら大変なことになってしまいます。例えば気候が猛暑と極寒の状態を頻繁に行き来したら、人間は自律神経に支障をきたして体調を崩すでしょう。動植物のなかには絶滅するものもあるかもしれません。

　人間の心は喜びの絶頂から、ある出来事をきっかけに悲しみの淵に沈むこともあります。逆に絶望の状態にあっても、吉報を得ることで幸福の絶頂に上り詰めることもあります。このように心の状態は一瞬で両極端に変化しますが、本来はどちらか一方にあったほ

うが健全です。心をどちらか一方に置くなら、うれしく楽しく快く積極的で充実して熱中している側にあるほうがよいです。たとえ心が一時的にマイナスの感情になったとしても、平常心はプラスであるほうが望ましいです。そのためには意識的に心の置き場を決めて、そこから動かさないという強い意思をもたなければなりません。

それには絶対的なものとして先に決めてしまうことが大切です。「私の心は、うれしく楽しく快く積極的で充実して熱中している状態にしかならない」と決めてしまうことで、常に「陽」の側に心を置くようにします。

平常心を陽に置くには次の４つの方法があります。

①いつも自分が得になるように考える

経営の神様と呼ばれる松下幸之助は心の置き方の天才でした。自分が経営者として成功を収めることができた要因として家が貧しかったことや学校に行けなかったこと、病弱であったことを挙げています。

家が貧しかったから、早くから働きに出ることができました。学校に行けなかったから、本をたくさん読んで学べました。自分が平凡な人間だったから、部下が優秀に思えて仕事を任せることができました。病弱であったから、「報・連・相」の仕組みをつくって自分が行かなくても済むように会社を組織化できました。

普通の人ならできないことの言い訳にするような要因を、彼は自分が成功した要因だと本気で考えていたのです。

運転中に警察官に違反を指摘されたら「大きな事故を起こす前に危険に気づかせてもらえた」と考える。傘が雨風で壊れてしまったら「新しい傘を買う機会ができた。今度はどんな素敵な傘を買おう」と考える。このように自分に起こった出来事に対して「むしろそれでよかった」と自分の得になるように思い込むことで、心が常に陽に置かれている状態になります。

一見ネガティブに思われるような出来事に対しては、常に逆を探すようにします。そして、悪い出来事があったあとに「次は必ず良いことがある」と振り子の法則を信じることも有効です。神社のおみくじで大凶が出たとしたら「今がいちばん運勢が悪いのだから、これ以上悪くなることはない。ここからは運が良くなるしかない」と考えます。人生のどん底を経験したとしたら「これだけつらい思いをしたんだから、このあとの人生できっとすごく良いことが起こる」と信じます。

このように心を陽に置く強い意思とは「悪いところは見ずに、良いところだけを見る」という強い決意と覚悟をもつことです。

②プラスの感情を生む言葉で心を動かす

累計納税額日本一記録（２００４年分まで）をもつ斎藤一人さんは「天国言葉」と名づけたポジティブな言葉を唱えることで心を陽の状態に置く方法を説いています。

斎藤一人さんのいう天国言葉には次のようなものがあります。

愛しています／ツイてる／うれしい／楽しい／感謝しています／幸せ／ありがとう／許します

心が不安定になりそうなときに、この天国言葉を繰り返し唱えることで心を陽に保つことができます。また、日常から事あるごとに好きな天国言葉を口にする習慣をもつのも役立ちます。これらの言葉に限らず、自分が好きな心を陽にする言葉を口にすることも効果的です。私は次のような言葉を自分の天国言葉としてよく使っています。

満ちてる／溢れてる／余ってる／豊かだ／幸せだ／余裕がある／ゆとりがある／分かち合える／受け取れる

何度も何度も同じ言葉を繰り返すことで胸がいっぱいになって心が満たされます。すると脳も感情に呼応して陽のエネルギーを感じられるようになります。また、これらの言葉は感情を伴うことでより効果があります。通勤の歩行時や車の運転時、リラックスできる浴室など一人きりの空間で、天国言葉やプラスの感情を生む言葉の意味を深く味わいながら声に発することで、心を陽に置くことができます。

③身体的動作で心を動かす

身体の動きを利用するやり方もあります。心身一如という言葉がありますが、身体と心の動きは連動します。試合に負けて気持ちが落ち込んでいる選手は下を向いていますし、勝てば顔を上げて笑顔になります。逆に、身体の姿勢や動作によって心に影響を与えることもできます。顔を上げて歩くことで気持ちを前向きにできますし、笑顔をつくることで楽しくなります。この身体と心の連動性を使って、心を陽に動かすのです。心をプラスにする動作には、次のようなものがあります。

・意識的に笑顔をつくる
・顔を上げる（視線を上げる）
・ハイタッチをする
・サムズアップ（手をグーの状態にして親指のみを上げる）をする

これらの動作をしているときは、いくら悩みを思い浮かべようとしても、うまく浮かんでないはずです。また、ハイタッチやサムズアップをするときには気分が昂揚します。特に笑顔をつくるとか顔を上げるといったことは一人でもすぐできるので、普段から習慣にしておくとよいです。

④気分を良くする環境をつくる

心を陽にもっていくためには、自分が好きな音楽や絵画、芸術作品などを身の回りに置くという方法もあります。

特に音楽のもつ力は偉大です。落ち込んだときや元気が出ないときに好きな音楽を聴くことで、心をリセットしたりスイッチを入れたりすることができます。音楽に限らず、自分の好きなお笑い芸人のコントを見たり、好きな映画を観たり、好きな本を読んだりしても同様のことができます。

また、自分の気分を良くする持ち物のレパートリーを増やすのも有効です。アンティークや骨董品などの趣味のものを自分の部屋に置いたり、自分が心地よく感じる小物を集めたりといったことも心の切り替えになります。部屋、車、家具、家電、洋服、靴、バッグ、文房具、日用品など、身の回りのすべてのものに対して「これは私の気分を良くするものかどうか」という視点で買い物をするようにして、逆に気分を下げるものは思い切って捨てることも大切です。

自分の気分に意識を向けて「喜んでるな」「安心してるな」「癒されてるな」「ほっとしてるな」「ワクワクしてるな」という感覚を丁寧にキャッチするようにします。自分の気分を良くする感度を高めていくのです。すると、気分が良くなる環境を積極的につくれるようになります。

また、今もっているものを使うときに心の感度を高めて自分の気分が良くなっていることを実感します。

「この車に乗っているときは落ちつくな」「この洋服を着ると明るくなれるな」「このカフェでコーヒーを飲んでいる時間が幸せだな」など、気分の良さを意識して何度も味わうことで、心の状態を陽に置きやすくなります。

肉体を変えようとすれば、筋トレやジョギングをして変化が表れるまで数カ月掛かります。しかし、心は思ったその瞬間から変えることができます。その反面、何かあるとすぐに元に戻ってしまいます。大事なのは、心の性質を理解してすぐに戻ってしまうことのないよう心を陽の場所に忍耐強く置き続けるということです。

忍耐は心に刃を置いて耐えると書きます。それくらいの強い覚悟をもって、心を陽の位置から動かさないことです。

人生の最も重要な修業は「自分の機嫌を自分で取ること、そして常に上機嫌でいること」だと斎藤一人さんは説いています（斎藤一人、柴村恵美子著『器』）。

受験に合格してもしなくても、会社で出世してもしなくても、どんな出来事があっても、大切なのは出来事それ自体ではなく「自分が気分良く生きること」です。

太陽はいつも明るく照らしてくれます。心を陽に置く人は、太陽のようにいつも周りの人に明かりを与える光です。心の状態を陽に置くとは、日常的に感情を心地よい状態、良い気分、豊かな気持ちにするということです。

これら4つの方法を行うときには、陽の心の感情を深く味わい、繰り返し反復して記憶させていきましょう。記憶しておくと、いつでも自在に呼び起こすことができるようになります。心がしんどいほうへ引っ張られそうになったとき、お気に入りの記憶たちが心を陽のほうへ誘ってくれます。

仕事が好きになる3つの考え方

ここで少し時間をとって、自分の仕事に対する気持ちを確認してみましょう。今の仕事が好きかどうかです。もし好きではないというのなら、これも、「職場がしんどい」一因になるのです。

「人と接することが好きなのに、製造工場で働いている」「アイデアを企画するのが好きなのに、事務の仕事をしている」など、明らかに自分の好きなことと異なる職能を求められる仕事に就いていると仕事を楽しむことはできません。

一方で、好きなことを仕事にできなかった人は多くいます。医者になりたかった、俳優になりたかった、サッカー選手になりたかった、歌手になりたかった……合格率の低い試験を通過しなければならない職業や、特別な能力を求められる職業は諦めざるを得ないこともあります。

また、病気や怪我をしてしまったり、親の介護をすることになったり、子どもに疾患が見つかったりなど、自分の力の及ばない理由で夢を諦めざるを得ないというケースもあります。そういった場合は、ほかの仕事を探すことになります。

問題になるのは、その時点で自分が何を好きなのかよく分からなくなってしまっている場合です。親の期待に応えようとしてきた人や、他人に嫌われないようにしてさた人、自分の気持ちを抑えて周りを優先してきた人などに多く見られます。自分の気持ちや意思を大切にできなかったために、好きなことに対する感度が鈍ってしまっています。親の求める「良い子」になろうとして嫌いなことでも我慢して努力してきた結果、自分の好きなことがよく分からなくなってしまうのです。

それは、「~しなければならない」という義務感を重視して生きてきたからだと言い換えることもできます。いずれにしても、「この仕事が嫌いというわけではないけど、特別好きにもなれない」という心理状態で働いているために「今の仕事が好き」と言い切れないのです。

このような場合でも、与えられた仕事を好きになることができればモチベーションが高まって楽しく働くことができます。好きなことを仕事にするのも今の仕事を好きになるのも、最終的には同じことです。

仕事を好きになるには、その仕事に働く意味や価値をいかに与えていくかということがポイントです。仕事に意味と価値を与えることができるようにするためには次の３つがあります。

①自分の望むものと仕事を関連づける

自分の望むものとは一見関係のないような仕事でも、自分が大切にするものと関連づけられる点を探してみるという方法です。

例えば、ミュージシャンになる夢をもつ青年が生活のために宅配業者で働き始めたとします。仕事に身が入らない青年に、現場のリーダーはどんな価値を示すことができるでしょうか。次のような会話のやりとりを通してモチベーションを上げることが考えられます。

リーダー「宅配の仕事、かなり筋肉を使うし疲れるだろう」

青年「ほんとですよ。仕事のあとにバンドの練習があるので無理、できないっす」

リーダー「ライブコンサートをやりたいんだろう？　この仕事は足腰がかなり鍛えられるから、ライブをやるのに必要な体力がつけられると思うけどな」

青年「そういえば、先輩のミュージシャンが体力づくりのためにジムに通っていますね」

リーダー「だろう？　仕事して体力もついて稼げるんだから一石二鳥じゃないか」

青年「確かにそうですね」

リーダー「それに、うちの配達先に音楽事務所があるぞ。不定期だけどな。そっちの配達を今度君に頼もうか。事務所の人と顔見知りになったらいろいろ音楽業界のことを教えてもらえるかもしれないしな」

青年「ほんとですか？　それはありがたいっす！　ぜひ行かせてください！」

あるいは、新入社員の育成がうまくいかず、疲れ切ってしまった教育係の社員がいるとします。上司は新人教育の業務にどんな価値を示すことができるか具体例を挙げてみます。

教育係「今度入った近藤ですけど、自分から仕事を覚えようとしないし、指示されるのを待っているだけなんですよ」

上司「そうなのか。いろいろなタイプがいるからな。最初は何をやっていいか分からないんじゃないか？」

教育係「いや、もう同じこと何度も言っているんですけど指示待ち状態で、さすがにこっちも疲れますよ」

上司「人材育成は骨が折れるよな。でも、こういう考え方もあるぞ。部下の育成と子どもの育成は共通する部分が多い。お前のところの長男、中3だったよな。この先どんな大人になっていくか分からないが、職場での育成経験が子どもの教育に役立つことだって大いにあり得ると思わないか？」

教育係「まあ、そういう考え方もできますかね……」

上司「もしかしたら、息子が積極性がなくて困るなんてこともあるかもしれないし。

そうじゃなくても、いろいろ社員の育成経験を積めば、それだけ人を育てる引き出しが増えるから、子どもが困っているときに良いアドバイスができると思うけどな」

教育係「なるほど。そう考えると職場での経験も無駄にはなりませんね」

これも、本人にとって大切なものと仕事を関連づける一例です。仕事で得るものが、自分にとって望むものや大切なものに結びつくとき、人は仕事が好きになっていきます。自分でできればそれに越したことはありませんが、自身ではなかなか気づきにくいものです。そんなときは上司や先輩に相談するなかで見つけることもできるのです。

②点と点とがつながる日がくることを思う

一見、たいして意味のないように思える経験でも、それらがいくつもつながり合って新しいものを生み出すきっかけになるかもしれないという考えをもっていると、目の前の仕事を大切にできるようになります。

アップルの創業者であるスティーブ・ジョブズが２００５年にスタンフォード大学の卒業式で行った伝説のスピーチがあります。（日経電子版２０１１年10月9日配信「『ハングリーであれ。愚か者であれ』ジョブズ氏スピーチ全訳　米スタンフォード大卒業式〈２００５年6月〉にて」より）

「私は大学の退学を決めて必修授業を受ける必要がなくなったので、カリグラフの講義を学び、伝統的で芸術的な文字の世界のとりこになりました。当時は何かの役に立つとは考えもしませんでしたが、最初のマッキントッシュを設計していたとき、カリグラフの知識が急によみがえってきたのです。そして、その知識をすべて、マックに注ぎ込みました。美しいフォントを持つ最初のコンピューターの誕生です。もし私が退学を決心していなかったら、あのカリグラフの講義に潜り込むことはなかったし、パソコンが現在のようなすばらしいフォントを備えることもなかった。もちろん、当時は先々のために点と点をつなげる意識などありませんでした。しかし、今振り返ると、将来役立つことを大学でしっかり学んでいたわけです。繰り返しですが、将来をあらかじめ見据えて、点と点をつなぎ合わせることなどできません。できるのは後からつなぎ合わせることです。だから、我々は今やっていることがいずれ人生のどこかでつながって実を結ぶだろうと信じるしかない。運命、カルマ……何にせよ我々は何かを信じないとやっていけないのです。私はこのやり方で後悔したことはありません。むしろ、今になって大きな差をもたらしてくれたと思います」

この「点と点がいつかつながる」ということを信じることで、今取り組んでいる仕事の見え方が変わってくるはずです。

私自身はかつて医学を志したことがありました。建築やデザインを学んだこともありました。それらの知識や経験がつながり、介護施設を設立したり運営したりしていくなかで大いに役立っています。

③誰かを喜ばせ社会に役立っていることを感じる

人は誰かに喜ばれて役に立っているときに貢献している感覚を味わうことができます。

人は貢献することでつながりを感じ、幸せを感じる生きものです。貢献は仕事を通じて社会へ何らかの価値を提供していることになり、それによって働く意味を見いだすことができます。

お客さんと直に向き合う仕事であれば、価値を提供することで感謝の言葉をもらう機会はよくあります。人から感謝されることで役に立っていることを実感することができます。

ただ、お客さんと対面することのない人は感謝の言葉をもらう機会がありません。その場合は、自分が役割の一端を担っている会社やチームが社会にどのような価値を提供しているのか、それによって喜んでいる人がどれだけいるかに思いを馳せることです。

自分が関わってつくったものが社会の問題を解決し社会をより豊かにしているという感覚を味わうことで、次第に仕事のやりがいを感じることができるようになります。誰かを喜ばせて社会の役に立っていると感じると、仕事を愛せるようになります。

仕事が好きになれば仕事が楽しくなります。困難な障害にぶつかっても、それを乗り越える力が湧いてきます。しんどさを感じることに直面しても、心折れることなく前に進んでいくこともできます。ワクワクする気持ちによってエネルギーが溢れてきます。または、自分のなかに確かな信念が生まれ静かな情熱に包まれることもあります。

初めは好きでなかった仕事でも考え方次第で好きな仕事にしていくことができるのです。それは働くすべての人にとって最高のスキルだと私は考えています。

マズローの5段階欲求から分かること

好きなことを仕事にしたり、仕事を好きになったりして自分がやりたいことを実現していくのは自己実現です。それが他者のためにもなっていれば、それは他者貢献となります。さらに、周りの人や起こった出来事をありのまま受け入れ、尊重することができるようになると、どこまでが仲間なのかという認識がどんどん拡張していきます。職場でいうと、自分と同僚、自部署と他部署、自社と他社といった境界がなくなっていき、業界全体、日本全体、全世界と広がっていけば、これは自己超越の領域となります。

アメリカの心理学者アブラハム・マズローによると、人間には「生理的欲求」「安全の

［図表2］　マズローの5段階欲求説

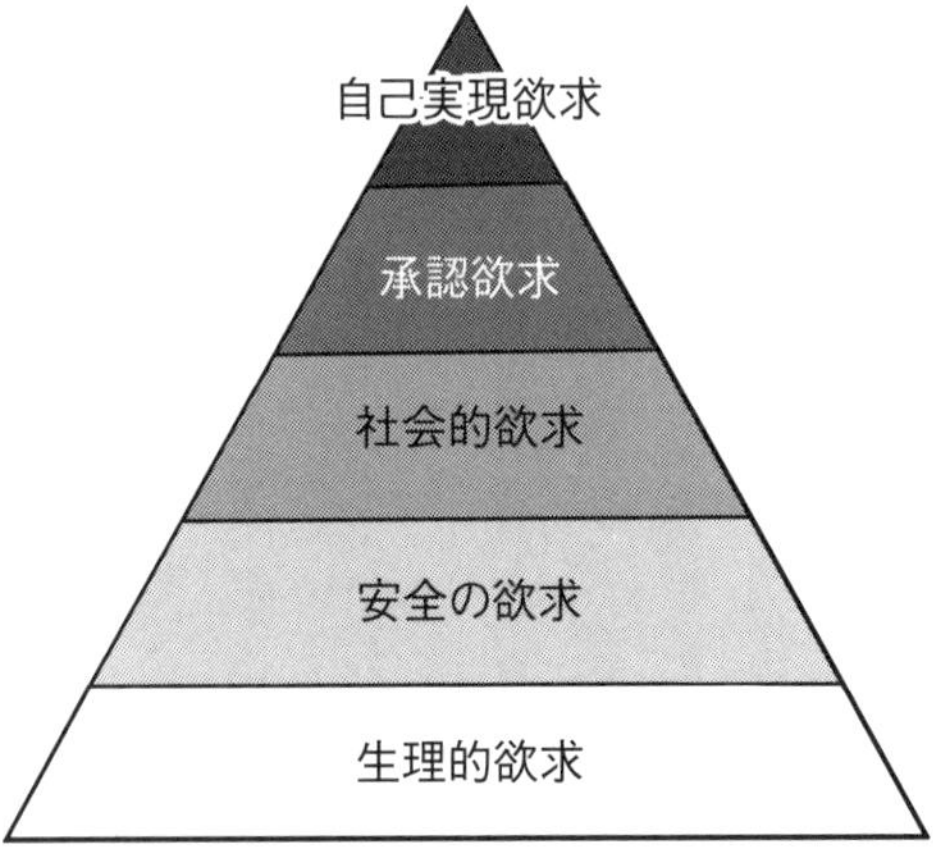

欲求」「社会的欲求」「承認欲求」「自己実現欲求」の5段階があります。5つの欲求はピラミッド状の序列があり、低次の欲求が満たされると次の段階の欲求をもつようになります。

それぞれ簡単に説明すると、「生理的欲求」とは食べたい、排泄したい、寝たいなどの生命を維持するための欲求です。「安全の欲求」とは安心して安全に暮らしたいという欲求です。災害時に脅かされたり幼児が求めたりする欲求です。「社会的欲求」とは集団への帰属や愛情を求める欲求です。家族への所属、学校や会社への所属、日本という国に所属して人との絆やつながりを実感することで満たされる欲求です。「承認欲求」とは所属している集団のなかで他者から認められたい、褒められたい、尊敬されたいという欲求です。出世欲や権威欲もこれに当てはまります。自分の内的な心を満たしたい欲求であり、これが妨げられると劣等感を感じます。「自己実現の欲求」とは自分の世界観、人生観に基づいた理想の自分として生きたいという欲求です。この欲求を満たせた人は本来の自分が人生の目的を実現している状態ともいえます。

このうち「生理的欲求」「安全の欲求」「社会的欲求」の3つは、現代の日本ではある程度まで満たすことができます。ただ、ピラミッドの頂上にある「自己実現欲求」に到達するには4番目の欲求である「承認欲求」を満たすことが鍵となります。

承認欲求は、他人から認められたい、褒められたい、尊敬されたいという願いです。そのため、承認欲求が強い人は自分の姿や行動に対して他人の評価が気になります。しかも「他人に褒められよう、認められよう」として行動するので、自分の人生を生きることができません。他人が求める人生を他人軸で生きることになります。

承認欲求は心のなかのバケツに入れる水のようなもので、これが欠乏していると「もっと入れてほしい、早く入れてほしい」と願うようになります。なかにはこのバケツにひびが入っている人もいて、周りがいくら水を足しても満足できず「まだ足りない、まだ認められてない、もっと褒められたい」と水をこぼしながらも承認してもらうのを求めます。ひどい状態になると、たとえ泥水でもどぶ水でも入れてバケツを満たそうとします。暴走族が爆音を響かせながら暴走する音は、私にはまるで「俺はここにいるよ！　気づいてよ！　誰か俺を認めてくれよ！」と言っているようにも聞こえます。

一方、承認欲求が満たされている人は「人から嫌われても構わない」「人から認められなくても構わない」「人から否定されても構わない」という状態になり、自分を信じて行動できます。

自分自身のことを認める自己承認ができる人ほど、承認欲求を満たすことができます。例えば「今日もよく頑張ったよ。昨日よりうまくなった。この調子でいいぞ」「今まででいちばん頑張って練習したな。誰も見ていなくても自分がいちばん分かっている。お前はすごいよ」と自分で自分を認めることができるので、他人からの承認を必要としません。他人と比較するのではなく過去の自分と比較して自分の成長を認めることができるのです。

このように自己承認ができるようになるにはクリアすべき3つの段階があります。

①自己分析：自分自身がどんな人間であるかを知ること
②自己受容：自分の良いところも悪いところもすべて認めて受け入れること
③自己愛：ありのままの自分を好きになること

1つ目の自己分析とは、自身の価値観の優先順位を決めて、何を大切にして生きるのかという自分軸を明らかにする行程のことです。ここで自分がどんな人間か、何に喜びを感じ、何に悲しみを感じるのかなど、本来の自分を知ることができたら、次のステップに進みます。

2つ目の自己受容が最も重要です。自己受容は自分の嫌いなところを個性として受け入れられるようになることから始まります。成功しても失敗しても、能力があってもなくても、容姿がどうであっても、自分の嫌なところも含めてありのままの自分を受け入れるのが自己受容です。自分の嫌なところを嫌だと感じてしまう気持ちも認めて受け入れます。

ネガティブな感情も罪悪感をもって抑えつけるのではなく、そうなる自分を受け入れることです。

「行動や結果が伴うから自分は価値がある」と思ってしまうと、落ち込んで頑張れない自分や疲れて行動しない自分、結果を出せない自分を責めてしまいます。それは、頑張れない他人や行動しない他人、結果を出せない他人に対しても責めてしまうことになります。行動や結果にかかわらず、自分の存在そのものに価値を感じることが大切です。

３つ目の自己愛は、長所も短所も含めありのままの自分を好きになることです。成功する人は自分のことが大好きだという点で共通しているそうです。自己愛者をナルシストと揶揄する風潮がありますが、自分を嫌いになるくらいならナルシストで結構です。露骨な自己愛は嫌悪する人もいるので、心のなかの内なる声で自分を褒めて、認めて、愛することです。

多くの人は一日に何度となく自己対話をしています。自分の気持ちに素直になり、人から言ってほしい言葉を自分に言ってみるのもよいことです。ここで気をつけないといけないのは、自分の欲にだけ関心をもち、他人に無関心になってしまうことです。他人に無関心な自己愛は単なるエゴです。しかし、自己受容をすることでありのままの自分を愛することができれば、真に他人を愛することができるようになります。

新約聖書に「汝の隣人を愛せよ」という教えがあります。隣の人を愛することができるのは自分の心が愛で満たされたときです。自分の心を満たすことができた人だけが、他人にも愛のお裾分けをすることができるのです。

以上３つの段階をクリアすることで真の自己承認ができ、他者からの承認を渇望することはなくなります。そうして自己実現の領域を生きることこそ、充実した人生を送ることを意味します。それはきっと、好きな仕事を通じて実現しているに違いありません。

５段階欲求説を唱えたマズローは晩年になって自己実現を達成した人だけがいくことができる第６の段階があると主張しました。それが「自己超越」です。それは見返りを求めず自我を忘れてただ目的のみに没頭することであり、他者貢献の領域であるというのです。自分と他人の境がなくなって利己と利他が同じになり、自分のためになることがそのまま他人のためになっている状態です。

例えば自分のやりたいことが「町をきれいにして人々が快適に暮らせる設備をつくる」

ということであれば、それは自分のやりたいことでもあり町の人のためにもなることなので自己超越の領域だといえます。そこでは損得抜きに行動できるようになり、自分に価値があるかないかも気にならなくなります。

自己実現を叶え、自己超越の領域で生きることができたら、人生は真に満たされたものになります。そこにたどり着くまでに要となるのが承認欲求を満たすことであり、鍵となるのが自己受容なのです。

［第3章］

職場の人間関係がしんどい

～相手に求め過ぎることをやめる～

自分でコントロールできる限界を知る

他人との関わり方を見直していくうえでまず知っておきたいのが「自分でコントロールできる限界はどこなのか」ということです。職場では他人の行動に対して自分の力が及ばなかったことにしんどさを感じることがあります。例えば、育てた後輩が辞めてしまうときは大きな喪失感を覚えます。

「丁寧に仕事を教えたつもりだったのに、新入社員が辞めてしまったのは自分の接し方が悪かったのだろうか……」

「自分が仕事を教えた後輩がお客さまにあんな対応をするなんて、もしかしたら私の育成法が間違っていたのかもしれない」

責任感の強い人ほど、これまでを振り返って自分を責めるはずです。しかし、それは決して自分自身のせいではありません。他人の行動は他人が決めるものであり、自分がコントロールできるものではないのです。よく考えてみれば当たり前のことですが、自分が相手よりも強い立場にいる場合、相手をなんとかできると思ってしまいがちです。どんな立場の人であれ、他人をコントロールすることはできません。すべての人には心があり、それぞれに自分の人生を生きているからです。

もしも誰かをコントロールできるとしたら、それは権力の力によるものです。その場合、コントロールされる側は立場が強い人に支配され、権力に強要された人生を生きることになります。

社会で働く人たちのほとんどは、それぞれが自分の人生を生きています。そのため、どんな立場の人であろうと他人をコントロールすることはできません。コントロールできないものをコントロールしようとすれば、しんどさを抱えるのは自分です。

これを防ぐために、まず自分と他人との間に境界線を引きましょう。自分と他人との間に境界線を引けないと相手の課題を自分の課題と勘違いしてしまい、自分にはコントロールできない問題に悩まされることになります。相手を理解できないことに苦しんだり、相手の問題に立ち入って相手の気持ちを土足で踏みにじったりしてしまいます。自分と相手を重ねてしまうので、本来なら「ありがたい」ことを「当たり前」のものとするようになります。

職場でのしんどさを招くトラブルに限らず、喧嘩や争いごとの本質は他人をコントロールしようとすることにあるのです。

まずは「他人はコントロールできない」ということを肝に銘じましょう。イギリスにはこんなことわざがあります。

馬を水辺に連れていくことはできても、水を飲ませることはできない

馬が水を飲みたいと思わなければ水を飲ませることはできないのと同様、他人が行動を起こすのは本人がやる気になったときだけなのです。

言葉や行為は与えるのが先、もらうのがあと

他人をコントロールすることはできませんが、本人の意思で動くように働きかけることはできます。そのために覚えておきたいのは「与えるのが先、もらうのがあと」という原則です。

「お金が欲しい」「お客さまを増やしたい」「人気を得たい」など欲しいものを得たいというのは自然な欲求です。欲をもつことは悪いことではなく、欲は働くための原動力にもなります。しかし、手に入れたいものがあるとしたら、それを直接つかみにいってはいけません。欲しいものを直接求めにいくとうまくいかないのです。何かを手に入れたいのなら、それに結びつく何かを先に差し出すことをしなければ欲しいものは入ってきません。

二宮尊徳の教えに「たらいの水」という話があります。たらいの水は、たらいを自分のほうに引き寄せようとすると向こうへ逃げてしまうけれども、相手のほうへ押しやれば自分のほうへ戻ってくるというものです。水は自分のほうに抱え込もうとすると逃げていき、力強く押し出すと勢いよく入ってきます。

これは仕事でも同様です。自分の力を惜しみなく出しきれば、新たな力を手に入れることができます。自分のできる力を最大限発揮したことで、次のステージの仕事ができる力を手にした経験のある人もいると思います。欲求のエネルギーは、押し出すことで自分に戻ってきます。人に感謝をすれば人から感謝されます。情報をアウトプットすることでより質の高いインプットを得ることができますし、教えることで新しい知識が入ってきます。自分の内に蓄えようとするより、積極的に出していくことが大切なのです。
　お釈迦さまと弟子のやりとりに関する次のような話があります。

　お釈迦さまが弟子たちと托鉢《たくはつ》（僧侶がお椀を持って歩き、お金や食べ物をもらう行為）に出かけたとき、二方向に分かれる道に差し掛かりました。左は裕福な人たちが暮らしている村への道、右は貧しい人たちが暮らしている村への道でした。右の道を選んだお釈迦さまに対して弟子は「道を間違えてないでしょうか」と尋ねました。
　するとお釈迦さまは「貧しい人たちからお布施をもらいなさい。貧しい人ほどお布施をする心を備えていません。たとえわずかばかりでも、貧しいなかからお布施をすることで彼らは苦しい状態から抜け出せます。貧しさに苦しんでいる人ほど、お布施をしなければなりません」と返しました。

　このエピソードから「与える行為を先にすることが貧しさの苦しみから解放されて富を増やす要因になる」というお釈迦さまの教えを知ることができます。お布施は裕福な人がやるものだと思っているうちは、まだ人からもらう側の思考なのでそこから脱することはできません。

お金がない、時間がない、人手がない、余裕がない、と「ない」ことにばかり意識が向いている人は「くれくれ病」にかかります。自分が損をすることを許せず、元を取らないと気が済みません。向上心が高ければ人から知識を吸収しようとするので、仕事では一定の成果を上げられるかもしれません。しかし、自分から何かしてあげようという発想がないので、職場で人間関係がギクシャクして「しんどさ」を抱える可能性があります。

人に与えることのできる人は、十分に足りていると思える心の状態です。与える行為をするには、まず他人に与える心をもつ必要があります。与えるものの対象となるのはお金だけではありません。言葉や行為も与えるものです。ここでいうところの与える言葉とは、人の心を明るくしたり、気持ちを軽くしたり、人を励ましたりする言葉です。

「とてもすてきだよ」「あなたのおかげで助かったよ」「気づいてくれてありがとう」「絶対なんとかなる」「あなたならきっとできるよ」といった言葉は相手の心を明るくし、軽くして勇気づける言葉です。

与える行為とは、人に明るく挨拶をしたり、笑顔で声を掛けたり、褒めて気分を良くしたり、話を聞いてあげたり、いい方法を教えてあげたり、プレゼントをあげたりといったことです。相手の様子を観察して、いつもと違う様子に気づいて声を掛けるのも与える行為に入ります。また道を譲ったり、順番を譲ったりといった譲る行為もそうです。人を許す行為も与える行為だといえます。

このように言葉や行為を自分から与えていくと、相手の心が明るくなり、その結果として自分が同じような言葉や行為を返してもらうことができます。そうすることで、自分の心も満たされるのです。

一日に何回「ありがとう」と言えるか

誰でもすぐに与えることのできるのが「ありがとう」という言葉です。この言葉にはとてつもなく強いエネルギーがあります。ポイントとなるのは「ありがとう」が伝える感謝の気持ちです。

「ありがとう」の形容詞である「ありがたい」は「有難い」と書きます。有ることが難しいほど、貴重で尊いということです。一方、「ありがたい」の反対語は「当たり前」です。「当たり前」と口にするときの人の心には感謝の気持ちは微塵も生まれていません。ありがたさを感じるアンテナの感度を高めて、日常の些細な出来事にもありがたさを感じられるようになってきたらすばらしいことです。

自分がいる環境のままでも、ありがたさを見つけて感じることはできます。お腹いっぱいご飯が食べられるなんて幸せだ、頼んだことをやってもらえるなんて幸せだ、五体満足で健康にいられるなんて幸せだ……すると、感謝の気持ちが溢れ幸せを感じることができます。そう考えると日常にはありがたいことばかりです。

食卓に焼き魚が出てきたとしたら、そこにはたくさんのありがたさがあります。その魚を海に出て釣ってくれた人、その魚を運んで店に卸してくれた人、店で販売してくれた人、買ってきて料理してくれた人、料理を載せる皿を作ってくれた人、料理を食べるテーブルやイスを作ってくれた人、安心して食事のできる家を建ててくれた人、家を建てるための資材を調達し運んでくれた人、というように考えていくと際限がありません。自分の力で生きているような気になっていますが、自分一人でできることなどほとんどないのです。人は誰かのおかげで生かされているのです。

感謝することで職場のしんどさの大半は軽減します。そして、感謝の気持ちを言葉で伝えるだけでなく行動で示すことができるようになると、さらなる幸福感を味わうことができます。感謝している相手に恩返しをして喜んでもらうことで、自分が役に立っていると感じられるからです。感謝している相手に会えないなら、その感謝の気持ちをほかの誰かに恩返しならぬ「恩送り」することができます。例えば、先輩にしてもらってうれしかったことを後輩にするという具合です。「ありがとう」が溢れる職場は幸せに包まれた職場になります。

自らの意思で先に与える

同じ「ありがとう」という言葉でも、本心から出てきたものと無理やり言わされたものでは大きな違いがあります。「ありがとう」を言っている本人の心持ちも相手に与える印象もまったく異なります。

それと同じで、人に何かを与えるときには自らの意思で先に与えることが大事です。

大きな違いが生まれます。

自分の意思がないのに与えたときは「奪われた」という気持ちになります。例えば、道を歩いているときに募金箱を持った子どもに自らの意思で寄付したときには心が満たされるでしょう。一方、路上で引ったくりにあって財布を盗られたとしたら「お金が出ていく」という点では同じですが、「奪われた」と認識しつらさを感じるはずです。

もし、与えざるを得ない状況になったら自ら積極的に与えにいくことです。車が無理やり横入りしてきたとき、このまま進んだら衝突すると思えば譲らざるを得ません。そのときに、横暴な運転者にいら立つよりも「どうぞ」と譲って自ら先に与える行為をしたほうが自分の心は満たされます。

自ら与える人は見返りを求めません。相手がどう行動するかは自分がコントロールできない相手の問題であることを知っているからです。そういう人は「自分が明るく挨拶しているのに不愛想に返してくる」「せっかく教えてあげたのに実践しない」「プレゼントをあげたのに使わない」などと不満に思うことはありません。

「与えること」が原因となり、「もらうこと」が結果になります。コントロールできない「もらう」という結果にこだわるのでなく、自分でコントロールできる「与える」にこだわることが大切です。そうすると結果のほうがこちらを追いかけてくるようになり、成果が上がるようになります。

「はい」の力

人に頼まれたことをやるというのも自分のスキルや時間を「与える」ということです。大事なのは、頼まれたときに「はい！」と快く引き受けるということです。

なかには言い訳を並べて頼まれごとやお願いごとを拒む人もいます。また、引き受けたとしても不満気に取り組む人もいます。そんな人には頼むほうも頼みにくくなるので、声を掛けてもらえなくなります。相手から敬遠されるようになったことを「仕事を押しつけられなくなった」と喜ぶような態度でいるとしたら、その人は感謝される機会を逃したということです。つまり、感謝のエネルギーを受け取らない選択をしたことになります。価値を提供する対価を考えた場合、感謝の印として得られるお金も受け取ることもなくなります。

頼んだ側は、気持ちよく笑顔で「はい！」と言って一生懸命に取り組んでいる姿を見れば「またあの人に頼みたい」と考えます。すると、次から次へと頼まれごとが増えていきます。それを喜ばしいことと思えるか面倒くさいことだと考えるかで、その人が将来得る富の大きさは変わります。

例えば、コピーをとってホチキスでとめるという単純な作業でも差が出ます。歪みなくコピーできるか、ホチキスをきれいにとめられるかといった些細なことでも、知恵を出して全力で取り組めばその気づかいは人に伝わり喜ばれます。

「目の前のことに全力で取り組んで、目の前の人を全力で喜ばせようとする人」は人に感謝され、お金持ちにもなります。

頼みごとをする人は何かに困っている人です。この人たちの悩みを解決すると喜んで感謝してもらえます。また、困っている度合いが大きいほど感謝の量は多くなります。

成功は助けた人の数と量によります。頼られるようになって人望も富も得ることができるのかどうか。それらを得られずに「しんどさ」を抱えながら働くのか。それは頼まれごとを「はい！」と快く引き受けられるかが分岐点なのです。

お金はあとからついてくる

頼まれごとを快く引き受けていると、今の環境ではもちろん、どんな職場に移ったとしても常に上を目指して上がっていくことができます。すると「どこでも通用する人」になれます。

どこでも通用する人は自分の給与以上の働きをしようとしています。それにより、上の職位や上司の視点を身につけていきます。上司の視点で考えることができれば、上司が部下にどうしてもらいたいかも予測できます。さらには上司の期待以上の働きができるようになります。上司に人事決定権があれば昇格や給与アップに直結しますし、たとえ決定権がなくても良い評価を会社に伝えてくれます。

給与以上に働くのは損をしていることになるのではと思えるかもしれません。「私は平社員なので、責任のある仕事はしたくありません」と言う人がいます。こういう人は能力があるのに、昇給のチャンスを逃しています。自分にばかり大変な仕事が割り振られてしんどいと思うのは、実はもったいないことなのです。

　給与以上に働くという考え方は、損得を基準に考えていると到底できないことです。しかし、最終的にはその人の働きに見合う収入を得ることにつながります。損をしているようなことが、自分の評価が上がる前兆なのだととらえて邁進すると、収入はあとからついてきます。

　それはビジネスにおいて、価格以上に良いサービスを受けたと顧客が感じれば次の購入につながるのと似ています。人は付加価値のついたサービスを受け取ると、期待を超えていることに感動します。感動すると、その会社や商品のファンになりリピーターになってくれます。それは顧客に対しても上司に対しても同じことです。相手の立場で考えられる人こそ、人の心を動かし社会で成功できるのです。

仕事を「任せる」が上手にできるようになる

　人に仕事を任せるのが苦手だと、働くことがしんどくなることがあります。仕事を任せることができない場合、多くは自分の内側に原因があります。心理的なブレーキを掛けてしまうのです。次に、無意識に生じる４つの心理的ブレーキを挙げます。

◎自分にしかできない仕事に価値を感じる

「自分だけができる仕事」「ほかの誰にもできないことを自分ができる」ということに価値を感じると、仕事を人に任せることができません。仕事を誰かに任せた瞬間に、それは自分だけができる仕事ではなくなるからです。

　人は自分にしかできないオリジナルなことに特別感や自分の存在価値を感じるものです。他者と差別化することは、異なる自分を売り出すためのアピール戦略としては効果があります。ただ、それにしがみつき過ぎると仕事を手放すことができなくなります。すでにできるようになった仕事を手放し、まだ誰もやっていない仕事を見つけて、それができるようになるまで挑戦し続けるくらいの気持ちで臨むのがベストです。

　この心理的要因を解消するには「自分にとっての真の顧客は誰か」ということに注目することです。

　社員にとって、直接的に報酬をもらう対象は会社だと考えることもできます。ではその会社にとって最も望ましい状態は何かといえば、質の高い業務ができる社員が複数いる状態です。

マニュアル作りなどに力を入れ、自分と同じように仕事ができる人を増やすツールを用意することは、会社にとってありがたいことです。自分にしかできない仕事を減らすことが、かえって自分の価値を上げることにもなります。

◎充実した時間を過ごしたい

無駄な時間を過ごすのが嫌いな人も仕事を任せることができません。仕事がたくさんあって忙しいほど、充実している感覚を味わうことができるからです。そういうタイプは、仕事を任せることで自分が抱える仕事がなくなると不安を感じます。本人は無意識にスケジュールを詰め込み、忙しさで不安を紛らわしているのです。

その心理的要因を解消するには、何もしないでボーっとする時間に慣れたり、スケジュール帳に何もしない時間をあらかじめ書き込んだりしてみましょう。一見無駄なように思える時間にも価値があると考えることが、仕事を任せるうえでの後押しになるかもしれません。

◎待つことができない

新たに仕事を任せられた人がうまくできるようになるまでには時間が掛かります。その非効率な様子にイライラして成長を待つことができない人は、人に仕事を任せることができません。最短経路で効率よく目的地にたどり着きたいという思考の人は、特にこの傾向が強いようです。土に植えた種が芽を出すまでには時間が掛かるように、人が育つには月日を要します。忍耐強く待つことが大切です。

この心理的要因を解消するには、日常のささいな場面で待つことへの耐性をつけていくことです。待つことへの耐性ができると、相手の小さなミスや、できるようになるまで繰り返し教えることに対しても寛容になることができます。

◎常に最善を尽くしたい

仕事をしていくうえで常に最善の価値を提供したいということにフォーカスし過ぎる

と、人に任せることに抵抗を感じます。特に後輩や部下に任せるということは、その業務について自分よりも慣れていない人が行うことになるので完成度が下がりがちです。責任感が強い人ほど、任せたあとのことが気になってしまいます。

この心理的要因を解消するには、目の前の顧客のことを考えるだけでなく「このチームに関わるすべての顧客のために、チーム全体のレベルアップを図るんだ」という方向で考えることが大切です。

例えば、コンビニのスタッフの胸に「研修中」の札がついていることがあります。研修中のスタッフは、習熟しているスタッフに比べてレジ打ちのスピードが落ちますし、お客さんから聞かれたことに答えられずにまごつくこともあります。この場面だけを切り取れば、お客さんが受けられるサービスの質は通常よりも下がっています。しかし、研修中のスタッフが経験を積んでチームメンバー全体がレベルアップすれば、より多くの人に質の高いサービスを提供することができるようになります。このように長期的な視点をもてば、仕事を任せることが結果的に最善の価値を提供できることにつながることが分かります。

一人でできることには限りがあります。チーム全員で提供するものの質を高めることが、より多くの人を幸せにするのです。

以上の４つの心理的ブレーキを解除して他人に任せることができたら、あとは「いい加減（＝ちょうどよい加減）」を心掛けることが大切です。

人に仕事を任せることができる人は、たくさんの人材を育てることができる優れたリーダーです。自分の仕事を他人に任せることができると、自分の時間をつくることができます。その時間を使って自身もさらに上のステージの仕事をすることができるようになります。

ダブルバインド（心理的二重拘束）の対処法

部下や後輩に仕事を任せたとき、任せた側が注意すべきなのはダブルバインド（心理的二重拘束）です。会社で起こりがちなケースを挙げます。

・先輩社員に「分からないことがあれば何でも聞いてね」と言われていたので質問したら、「そのくらい自分の頭で考えろ」と言われた
・ミスに対して「なぜこんなことが起こったのか説明して」と上司が言うので説明していたら、「言い訳をするな」と言われた
・業務を担当する際に上司が「この仕事は任せたぞ」と言ったのに、いざ取り掛かってみると「そんなやり方ではダメだ」と言われた

これらはどれも以前の発言と実際の態度に矛盾があるケースです。

このほかに言葉で発するメッセージと表情や態度が発するメッセージが矛盾するケースもあります。

・表情は笑顔なのに「さっきの対応は良くないぞ」と注意された
・物品を購入する際に「好きなものを選んでいい」と言っているのに、高価な買い物をすることを嫌がっているような態度をしている

・書類の提出期限を決める際に「急いで提出しなくていい」と言っているのに、できるだけ早くしてほしい様子に見える

このように発言する人の表情や態度と発する言葉の内容が異なると、受け手の頭は混乱してどうしたらよいのか分からなくなります。

さらに、発する言葉とは別に本当に伝えたいことがある人が「いちいち言わなくても気持ちを察してくれよ」と言わんばかりに自分の気持ちを察することを相手に求めることがあります。

アメリカの精神科医グレゴリー・ベイトソンはこれらの状況を「ダブルバインド」と呼び、「ダブルバインド理論（Double Bind Theory）」（Bateson et al.［1956］）を唱えました。日本語に訳すと「心理的二重拘束」という意味で、一つのメッセージのなかに複数の異なるメッセージが含まれている状態を指します。このダブルバインド状態が続くとメッセージの受け手に次のような悪影響を及ぼす可能性があるといいます。

・自分の感情を抑え込むようになる
・自信がもてなくなり、自己肯定感が下がる
・意思決定ができなくなる

これは社員の成長を抑制するだけでなく、精神的ストレスを与えて病気を発症させることもある重大な問題です。職場の空気もどんよりしてしんどさを感じる人が増えます。職場全体が「より良い仕事をしよう」というのではなく「問題を起こさないようにしよう」ということばかり考えるようになります。会社全体のパフォーマンスはもちろん低下してしまいます。

これはメッセージを発する人が受け手への依存心が強いことが原因です。このような上司に対して、部下が気を使って気持ちを察するようにすればするほど、上司は自分の思いどおりにならないことへのストレス耐性が弱くなります。そのため、心理的退行（子どもがえり）をしてしまいます。

これは逆の場合も同じです。部下の発しているメッセージが本音と異なることに上司が

気づき、部下の気持ちを察して応えようとすればするほど部下はわがままになっていきます。しまいには上司に対して不機嫌な態度を取ったり、怒りっぽくなったりしてしまうこともあります。

このようなダブルバインドへの対処法としては、相手の気持ちを察するのではなく、発している言葉のメッセージそのものに対する行動を取ることが大切です。

また、最初に言っていたメッセージと次に言っているメッセージが矛盾している場合は、そのことを丁重に指摘できることが望ましいです。「分からないことがあれば何でも聞いてね」と言われていたのに「そのくらい自分の頭で考えろ」と言われたケースであれば、「〇〇さんが何でも聞くようにとおっしゃっていたのでうかがったのですが、これからは初歩的なことについては、まずは自分で考えるようにします」などと返答するとよいです。相手を尊重しながら、自分の言い分を相手に伝えるように心掛けるのです。

良好な職場環境をつくるには、上司や同僚との関係を悪化させないよう丁重に指摘して上司に気づいてもらうようにすることが大切です。ダブルバインドは、メッセージを発する本人が気づかずにやっていることがほとんどです。特に強い立場にある人は自分の発するメッセージに矛盾がないか、自分自身を客観的に観察する必要があります。

コミュニケーションの３Ｈ（批判しない、非難しない、否定しない）

実績を買われて異動した人が、異動先で以前のようなパフォーマンスが発揮できなくなることがあります。能力が高くて実績がある人でも、環境に合わないと良いパフォーマンスが発揮できなくなってしまうのです。

Googleは２０１２年に立ち上げたプロジェクト・アリストテレスにおいて、効果的なチームとはどのようなチームかを調査分析しました。そこで見いだされたのは「誰がチームのメンバーであるか」よりも「チームがどのように協力しているか」が重要であるということでした。さまざまな協力関係のあるなかで最も重要なのが心理的安全性であり、心理的安全性が担保されているチームは離職率が低くて収益性が高いという結論に達しました。

心理的安全性のある職場では自分の欠点や弱みをさらけ出せる状態になります。裏表なくありのままの自分を出して、何を言っても怒られたり馬鹿にされたり否定されたり責められたりしない安全な雰囲気があります。仲間の信頼と尊敬に満ち、安心してリスクを取れる場所になり、温かな人間関係が築かれるのです。

優秀なキャリアの人が転職先で成果を上げられない場合、その要因の一つとして「新たな環境に適応できない」ということが考えられます。特にチーム内に誰かを軽蔑する発言や、侮辱、否定、誹謗中傷、自尊心を傷つける発言が飛び交う場合、そのチームは情報の共有を進んで行わず、同僚に助けを求めることもやめてしまいます。自分が傷つくのを恐れて無意識のうちに心を閉ざしてしまい、フィードバックを求めたり受け入れたりすることが少なくなります。失敗について話し合うことや、まだ表に出ない隠れた問題について隠そうとするようになります。

ネガティブな発言や振る舞いは次第に伝染し、チーム内に攻撃性が増したりチームを機能不全に陥れたりします。

ネガティブな雰囲気は、職場に問題を起こすスタッフがいなくてもベストを尽くせない環境をつくります。厄介なのは、その雰囲気のなかで働いていると実際にネガティブな発言をしていない人までパフォーマンスが落ちてしまうということです。ネガティブな発言は、たとえ本人に直接伝えず本人がいない場所で発せられたとしても、それを聞いた人の心に「自分もいないところで何か言われているのではないか」という恐れを生じさせるからです。ですから、職場の環境を良くし、心理的安全性が保たれた環境をつくり出すことを考えていく必要があります。

人が心理的安心感を得るのは、自分が認められている、環境に受け入れられていると感じるときです。自分が認められていると思う承認には「存在承認」「行動承認」「結果承認」の３つがあります。

存在承認は、そこにいるだけで認められている感覚で、長所も短所も含めてありのままの自分が受け入れられていると思える状態です。行動承認は、頑張ったことや頑張っていることが認められている感覚で、一生懸命やっている姿をちゃんと見てもらえていると思える状態です。結果承認は、成し遂げた結果が賞賛されて認められている感覚で、テストに合格する、運動会で1位になるなど優れた成績や成果を得ることができた達成感や優越感を味わうことができた状態です。

自分の価値を根底から信じるために最も重要なのは存在承認、次いで行動承認、結果承認の順になります。

結果承認は成功したときにだけ認められるので、うまくいかなかったときは認められないということです。成功したアスリートやアーティストのなかには、引退後に自分の価値が感じられなくなって心の病気になってしまったり、命を絶ってしまったりといった事例があります。長年会社で要職を務めた人が定年退職後に家庭内で自分の存在価値を見いだせずにふさぎこんでしまうということもあります。それほど、結果を伴わなくなったときに感じる無価値観や喪失感は大きいのです。

行動承認は結果が出なくても頑張っている姿勢が認められるので、結果承認よりも承認力は強くなります。しかし、人はいつでも頑張っていられるわけではありません。疲れてしまったときや、うまくいかなくて気持ちが落ち込んでしまっているときに頑張れない人は認められないということになります。

これらに対して、存在承認はどんな結果であろうとも関係ありません。頑張っていてもそうでなくても、生きているだけで認められるというものです。幼少時に、思う存分抱っこしてもらったりハグされると、自分という存在が認められている感覚になり、存在承認が育まれます。

しかし、ビジネスという成果を出さなければならない職場では、結果が求められます。たとえ結果が出なかったとしても、行動したことが重視されます。それは、成功は行動することによってのみ獲得することができ、行動し続けなければ成功することができないからです。なかには、頑張らない人を認めるなんてあり得ないと思う人もいるはずです。そういう場合には、相手の存在を承認しつつ、行動するように伝えます。そして、行動した姿を見たら「頑張っているね」と認めるのです。

自分のできないことを頑張って克服してきたような改善意欲の強い人は、自分に対して行ってきたのと同様に相手に接すると、相手も自分自身もしんどくなってしまうことがあります。相手の存在を認めずに、行動や結果だけを認めることになるからです。

他者からの行動承認や結果承認といった条件つき承認は自己肯定感を下げます。アドラーが「褒める行為」について否定的だったのは、この行動承認や結果承認によって相手が真の自己肯定感を自ら育めなくなる危険性についての警鐘ともいえます。改善意欲が強くて職員の行動と結果だけを認める人がリーダーになると、職員の自己肯定感が下がり、セルフイメージの低いチームをつくってしまうことになりかねません。

そこで心掛けたいのが、コミュニケーションの3Hです。これは「批判しない」「非難しない」「否定しない」の3つの頭文字を取ったものです。いかなる意見であっても、否定したり、批判したり、非難したりせずに、まずは受け止めて傾聴することが大切です。同意するのでもなく「あなたはそう思っているんだね」と、ただ相手が思うことを受け止めます。

次に相手の言い分を聞きます。「どうしてそう思うの？」「何でそう感じるの？」と、相手がそう思うようになった事情や背景、思考プロセスを知るようにします。そこで初めて自分の考えを相手に伝えます。「私はこう思うよ」「私はこのように感じたよ」とあくまで「私」を主語にした個人的見解として、自分が思ったことや感じたことを伝えます。

個人的見解であれば、それが正しいとか間違っているとかではなく、私がそう思っている事実があるのは他人がどうすることもできないことなので、話を受け止めてもらいやすくなります。

それを「あなたはどうして……」「あなたはなんで……」と相手を主語にして話すと、

相手を分析したり評価したりするような言い方になってしまうので、聞き手の受け取る心にブレーキが掛かります。このコミュニケーションの３Ｈを意識することで、相手は安心して本音を話せるようになります。

本音を話したり、弱みや欠点を見せたりするのには勇気がいります。自分の価値が否定されて自尊心が傷つきかねないからです。完全なる自己承認ができていて、人から何をどう思われても気にしない人なら平気でしょうが、それほど強靭なメンタルをもつ人などいません。周りの人がそれを知ったらどう思うのか、馬鹿にされないか、侮辱されないかと心配になるのが普通の反応です。

しかし、本音で話したり弱みや欠点を見せたりしても自分の価値が下がらないと思えるとしたら、その場所は心理的安全性が確保された場所になります。そのような職場の環境をつくるためには、自ら弱みをさらけ出すことです。すると、ほかのメンバーも弱みを見せることへの抵抗をなくすことができます。立場が上の人がこれを心掛けて行動すると、部下たちが失敗を恐れなくなり、活気のある職場になります。

心理的安全性を確保するためにはネガティブな発言を予防することも大切です。

アメリカの犯罪学者ジョージ・ケリング博士が提唱した「割れ窓理論」という環境犯罪学の理論があります。1枚の割られた窓ガラスをそのままにしていると、さらに割られる窓ガラスが増えて街全体が荒れ果ててしまうという理論です。これと同じで、一人のネガティブな発言を放置しておくと次第にネガティブな発言が増えていき、職場全体が廃れた状態になってしまいます。それとなく話題を変えるなり、面談して諭すなり、その場で訂正するなり、その場に適した方法で対処する必要があります。

人は言葉にすることで気持ちが助長される特性があります。あえてネガティブな発言を吐かせて「ガス抜き」をし、気持ちを軽くしてあげようという方法もあります。しかし、言葉にすることで余計にネガティブな感情が膨らんでしまい、吐かせるどころか繰り返し言いたくなるような心境をつくってしまいます。

脳科学の視点からは、陰で悪口を言ったり非難をしたりすると脳内にドーパミンが放出されて報酬系という神経回路が活性化し、一時的な幸福感を味わい、やる気を出すことができます。これを放っておくと中毒化して、ネガティブなことを言わずにはいられないような身体になってしまうのです。悪口などのネガティブな言葉には非常に強い毒性があります。その毒を発するのも、いちばん近くで聞いているのも自分自身です。ネガティブなことばかり口にしていると、精神や体調に支障をきたすこともあります。陰口を言うことで一時の爽快感を得られたとしても、それは巡り巡って自分をしんどくすることを知っておきましょう。

正しさを追求しない

コミュニケーション研修でよく使われる寓話を例に挙げます。

昔、仲の良い夫婦が暮らしていました。

ある日、夫は盗人と間違われ無実の罪で牢屋に幽閉されてしまいました。妻は夫の無実を証明して夫を牢屋から出すために、捕らえられたときのことを聞き取ろうと夫に会いに行きました。

妻は牢屋の番人に「夫に会わせてほしい」と言いました。牢屋の番人は妻に「俺と一夜をともにすれば会わせてやろう」と言い、妻は夫を助けるために仕方なく要求をのみました。

妻が訪ねて来たことに驚いた夫は「どうやってここに来たんだ？」と妻に尋ね、妻は正直に事実を伝えました。夫は激怒し「お前とは離縁だ。二度と俺の前に現れるな」と言いました。


この話には夫、妻、牢屋の番人の３人が登場しますが、このなかでいちばん悪いのは誰かと質問すると意見が分かれます。夫が悪いと言う人、妻が悪いと言う人、牢屋の番人が悪いと言う人の３つのグループに分かれるのです。それぞれ根拠を交えて議論しても、どのグループが正しいのかという答えは出ません。

意見が対立したとき、どれか一つが正解だと思わないことです。人は皆、自分が正しいと思っています。自分の意見を通そうとすると同時に、対立する相手の意見に対して間違いを正そうとしてしまいます。良好な関係を保つには、正しさに固執せず人は皆考え方や価値観が違うことを受け入れるのです。「お互いが違っていてよい」としたうえで、相手のことを分かり合おうとする姿勢が大切です。

しかし、仕事においてはみんなで一つの方策を決めて進めなければならない状況がありま す。そこでは、何らかの形で全員が共有する正しさが必要になるように思われます。

世の中にさまざまな会社が多くあるなかで、職場の皆がその会社を選んで集まっているのは、その会社が重んじる理念と目指しているビジョンに共感しているからなのです。業界や業種を問わず、似たような商品やサービスを提供する会社は複数あるにもかかわらず、あえてその会社で働く意味は、働く志をともにすることにしか見いだせません。また、企業の事業活動には目的があるので、一緒に働く以上はその理念やビジョン、ルールに沿うことを社員にしてもらわなければなりません。

社員が入社を決心した決め手は個々に異なるかもしれませんが、会社に所属して働く以上は、そのチームが目指す目的に向かって志を同じくして働く必要があります。ですから、理念やビジョンに共感できなければ、一緒に働くことが苦痛になります。会社も本来の目的を叶えられないので、そこで働くことは社員と会社の双方にメリットがありません。

会社の理念やビジョン、ルールの策定はそれだけ大切なものですし、それが社員の行動を制限するものにもなります。社内で異なる意見が対立した場合には、この理念やビジョン、ルールに立ち返って、どういう方策を取るのかを選択することになります。それは、所属する人の守るべき価値観となるからです。

一方、それに直接関係ないものは、互いに尊重して認め合うことが大切です。

仕事は同じ価値観をもつ人たちが集まらないと楽しく働けません。しかし、価値観は十人十色です。最も重要な価値観は共有し、それ以外の価値観は認め合うことが大切です。

共通点（＝本来の目的）を見つける

チーム内で意見が割れたときは、考え方や方法の違いに固執して互いのプライドが対立してしまい、本来の目的が見失われてしまっていることがあります。そんなときは立ち止まって、本来の目的や共通点を見つけていくことが大切です。

以前、介護の現場で意見が対立したことがありました。介護施設で暮らす身寄りのない高齢者の方が食事を取れなくなり、胃ろうの造設を検討することになりました。本人は「痛いのは嫌だからもう何もしないでほしい」と言いましたが、認知症であったため自分の状況が本人には理解できていません。それを聞いた職員の一部は「本人が手術を望んでいないのだから、負担のない方法で終末期を過ごせるようにしよう」と意見しました。一方、「認知症状がなかった頃は、長く生きたいとおっしゃっていた。命の尊厳を守るために、専門職としてできる最善のことを尽くすべきだ」という意見がほかの職員から挙がりました。

2つの意見は対立しています。この高齢者に家族がいれば「家族の意向」というもう1つの基準があるので一緒に判断することができます。このケースではスタッフが家族に代わって親身に考えているからこそ対立したのです。

しかし、その身寄りのない入居者に「幸せな最後の人生を送ってもらいたい」という点では共通していました。そこで、まずは共通している部分にフォーカスして、本来の目的に立ち返って、本人は本当はどうしたいのか、職員だけでなく医師、ケアマネジャー、ケースワーカーといった関係者全員で話し合って答えを見つけました。

また、関係が悪くなった人にアプローチする際も共通点を確認するとよいです。

例えば、相手からキツい言い方をされたために、関係が悪化した同僚がいるとします。

その人との関係をつくり直すためには、まず互いの共通点を見つけます。共通点は「互いに関係を良くして円満に働きたい」ということです。

「今の状況をもっと良くしたいんだよね。自分が気づかないことがあるから、何かあれば言ってくれるとうれしいな」と同じものを目指していることを最初に伝えると、「私もあなたも同じだ」という共感が高まり、関係は修復しやすいです。

本来の目的を見据えたうえで意見交換すれば、何らかの形で答えは導き出せます。チームで物事を決めていく際は自分の意見に執着するのではなく、何が互いの真の目的であるかということに集中することが大切です。

反対意見を言うときにありがちな失敗は、代案がないまま「それは違う」とだけ伝えることです。例えば、「人手不足で休日がちゃんと取れないから、職員をすぐに採用しよう」という意見に対して「今職員を採用しても教えることができないから採用するのはやめましょう」という意見が出たとします。しかし、その意見には「人手不足で休日がちゃんと取れない」ことへの解決策は提示されていません。代案がないのに反対だけする場合は、相手の気持ちへの配慮が足りず、相手を不快にさせてしまいます。最初に意見を言った人は「それでは、人手不足がいつまで経っても一向に解決しないじゃないか」という疑問と不信が残ります。

反対意見を言うなら、人手不足を解決するために「業務内容を見直す」あるいは「業務を効率化できる方法がある」というように、何らかの解決策を提示できたほうがよいです。どちらかの意見を一方的に押し付けるのではなく、互いが納得できる解決案を提案することで話し合いが進みます。

代案が用意できないときには、反対意見を述べる前にクッション言葉を挟むのがベターです。「これといった代案がないので悪いんだけど」または「だからといって代わりの案がないので恐縮なのですが」などといった一言を添えるだけで、受け手の印象は大きく変わります。

相手の提案に対して断る場合も同様です。特に、立場が上の人が断るときには、次のように受容と感謝の言葉を挟むと相手の感情にも配慮した対応ができます。

「問題をよく見つけたね（受容）。いろいろと考えてくれてありがとう（感謝）。ただ、今は予算の関係でそのまま進めることが難しいから（理由）、違う方法を考えてみよう（結論）」

頭ごなしに否定したらそこで終わりですが、理由を知って、なぜその提案が受け入れられないのかを理解できれば、改めて別の方法を考えることもできます。そして、受容や感謝の言葉を入れることで「相手を尊重する気持ち」が伝わります。良好なコミュニケーションの根底には、相手への尊重と配慮があるものです。

逆に、相手の気持ちに配慮し過ぎて本当に伝えたいことを言えないこともあるかもしれません。そんなときは「関係性が悪化したとき、それを修復することでその人とのつながりは強固になる」という事実を思い出しましょう。傷ついた関係を修復したあとは、より強い関係性が構築されます。ただし、関係を修復していくには心理的安全性があることが前提です。強いチームとは「思ったことを何でも言い合うことができ、言ってしまったことで非難されたり取り返しがつかなくなったりすることがない」心理的安全性があるチームなのです。

笑顔という武器

心理的安全性が担保された環境で、本音を上手に伝え合って信頼関係を強化するのが真の協調性です。言うのは簡単ですが、これを実現するのには時間が掛かります。

相手の感情に配慮するあまりに自分の考えを伝えられない人は「このことを伝えて相手が気分を悪くしたらどうしよう」「自分の評価が落ちたらどうしよう」「嫌われたらどうしよう」「仲が悪くなったらどうしよう」「意見がぶつかって収拾がつかなくなったらどうしよう」というような恐れと不安に思考が覆われてしまっています。悪い結果になることに焦点が向いてしまっているのです。

まず大事なのは、自分が望んでいる良い結果と、自分が危惧している結果を顕在化することです。

例えば、「声の大きなAさんのことを、後輩たちが『威圧的で怖い』と言っている」という状況に気づいたとします。それをAさんに伝えることで得られる良い結果は「Aさんが声量を調整することで後輩が萎縮することがなくなり、職場のコミュニケーションがスムーズになる」ということです。悪い結果は「Aさんと自分や後輩たちとの関係が悪化する」ということです。そこで、「良い結果を得ること」と「悪い結果を避けること」とを天秤にかけて、どちらを選択するかを判断します。

伝えない選択をするとしても「伝えたいのに伝えられない」のではなく「考えた結果、伝えないことを決めた」という自己決定感をつくることが大事です。そうすることで人のせいにすることなく、人生を主体的に生きることができるからです。

「伝える」という選択をした場合は、良い結果になることに焦点を向けるようにします。良い結果を得られたことをイメージして、先に良い気分を自分でつくりだすようにするとよいです。頭で考えて思い悩むのではなく、先に気持ちをポジティブに整えるのです。心が軽くなると場の空気も軽くなり、伝える言葉も軽くなり口から出しやすくなります。

言いにくいことを伝えるときに重要なのは、笑顔で話すということです。笑顔は相手のことを受け入れ、承認する態度です。笑顔でいると楽しい気分になり、思考もポジティブになります。

笑顔でいる人は他人から好かれますし、笑っていると免疫力が高まって病気の予防にもなります。このように笑顔はいくつものプラスをもたらしますが、なかでも笑顔の威力が発揮されるのは「言いたいことを言う」ときです。笑顔があるのとないのとではコミュニケーションの結果に大きな違いが生まれます。

職場では上司が部下に注意して改善を促すことがあります。一生懸命やっている人に注意はしづらいものです。相手に「自分の頑張りを否定された」というマイナスな感情を抱かせてしまうリスクもあります。そんなときには笑顔で「いいことに気づいたんだけど」と話しかけると、相手に明るい気持ちで聞いてもらうことができます。

注意するということは、できていない部分を指摘してできるように促すことになるのでネガティブにとらえられがちです。そのため、いかに明るく軽い気持ちで話を続けられるかが重要です。言いづらいことを言うときほど、笑顔は大きな武器になります。

「笑顔で話す」のとは逆に、悪い結果をもたらしてしまうのが「深刻に話す」ということです。伝える側はカジュアルに伝えたくても、硬い表情や低い声色で話すと聞き手は必要以上に重く受け止めてしまうことがあります。場合によっては、「絶対にやってはいけない」「それは間違っている」「許されない」といった言外のメッセージが伝わってしまい、心理的安全性が失われるので気をつける必要があります。

一方で、何度言っても改善されないような場合には笑顔で伝えることは逆効果になります。繰り返しミスをする相手に対して事態を重く受け止めてほしいときは、笑顔でなく真剣な表情で話さないと伝わりません。「私は怒っている」「私は悲しい」「私は傷ついた」など自分の感情を話す内容に加えて伝えると、より相手の頭に記憶されます。

ＰＥＰトークでポジティブ転換

ネガティブな状態にある人への声掛けの仕方として参考になる手法の一つに「ＰＥＰ《ペップ》トーク」があります。これはスポーツの試合前に監督やコーチが選手を励ますため、ポジティブな力を引き出し背中を一押しする短い激励のスピーチです。例えばこんな具合です。

「男にはな、人生を賭けて戦わなアカン時がある。相手がどんなに強い、相手のほうが絶対に有利だと言われてもな、立ち向かっていかないかん時がある。松下電工が強い、有利だというのは、マスコミが言ってるだけやろ。フットボールの内容、チームワーク、どれを取ってもわれわれのほうが上や！　それぐらいの力はお前ら一人ひとりがもっとる。お前らならできる！　お前らならできるんや！　やろう！　このチームで最後の最後まで頑張って、力を出し尽くして今日は勝つ！　さあ勝つぞ！　１・２・３・ＧＯ！」

　これは２００９年、アメフト学生日本一になった立命館大学が社会人日本一のパナソニック電工に挑む際に古橋由一郎監督が行った有名なショートスピーチです（YouTube『男には人生を賭けて戦わなアカン時がある』）。ここ一番という大事な場面で、不安、心配、恐れ、緊張といったネガティブな心理状態にある選手に活力を与えて試合に送り出したのです。

　職場においても、仕事に不安や緊張などを抱えている部下や後輩を励ます場面はあります。そういったときにＰＥＰトークは力を発揮します。

　ＰＥＰトークでは、話の順に「受容（男にはな～時がある。）」「承認（松下電工が～できるんや！）」「行動（やろう！～今日は勝つ！）」「激励（さあ勝つぞ～ＧＯ！）」の４つのステップに分類できます。

【ステップ1】受容

まず、相手のありのままを受け入れます。それは相手の状況であったり相手の感情であったりします。まずは受け入れることから始めるので、落ち込んでいる人に向かって「元気ないなー、お前らしくないぞ」と声を掛けることはしません。いったん相手の置かれた状況を確認し、相手の気持ちを受け入れ共感します。

（例）「これは社運を賭けた大事なプレゼンだ」（状況の受容）

「とてもつらくて逃げ出したいよね」（感情の受容）

【ステップ2】承認

次に承認します。承認には、「ポジティブ承認」と「あるもの承認」があります。

（1）ポジティブ承認

ポジティブ承認は、ある事柄に対してネガティブにとらえている視点を反転させポジティブにとらえる技術です。すべての物事にはポジティブな面とネガティブな面の二面性があります。それらはコインの裏表のように表裏一体です。この承認の段階で、ネガティブな面をポジティブな面に変換します。それには、ネガティブな感情を変換する方法とネガティブな状況を変換する方法の２つがあります。

・ネガティブな感情をポジティブに変換する

「○○（ネガティブな感情）なのは、△△（ポジティブな面）である証拠」と言い換えます。

　これによって聞き手は「自分が悪いものとして解釈していたものが実は良いものだった」と気づかされます。

（例）緊張しているのは、本気で取り組んでいる証拠
　心配しているのは、大切に思っている証拠

・ネガティブな状況を変換する

「○○（ネガティブな状況）だから、△△（ポジティブな面）にできるチャンスだ」と言

い換えます。ネガティブな状態のときには決まってネガティブな面に注目しています。そこを変換して相手の心を軽くし前向きにします。

（例）人手が足りないから、業務のやり方を見直すチャンスだ。

時間がないから、業務をスリム化するチャンスだ。

ベテラン社員が辞めてしまうから、今こそマニュアルを作るチャンスだ。

（2）あるもの承認

「あるもの承認」は「ないもの」に着目して不安になっている状態から自分にあるものに着目させます。例えば、できたばかりの新しい会社が大企業に挑むときには実績がないことが不安視されがちです。そこで「実績」という「ないもの」に着目するのでなく「柔軟な発想力」「少数精鋭ならではのスピード感」などの「あるもの」に目を向けます。

自分たちにあるものに意識が向くと、安心感が生まれて力が湧いてきます。それがやる気や活力になって「やってやろう！」という気持ちにつながるのです。

【ステップ３】行動

次に、取るべき行動を促します。このときのポイントは２つあります。まずは「行動を促す際に肯定形で伝えること」、そして「本人にコントロールできる行動を具体的に伝えること」です。例えばサッカーの試合中のような場面では、「慌てないようにしよう」という否定形でなく「落ちつこう」という肯定形で伝えます。慌てないという否定形は、慌てる自分を想起させるからです。

また、「ゴールの隅を狙ってボールをしっかり蹴ろう」というように本人がコントロールできる行動に注目させたうえで具体的なアクションを示すことが大切です。

【ステップ４】激励

最後に激励の言葉で背中を押します。

「さあ、想いをしっかり伝えてこよう！」

「できる！　君なら絶対できる！」

などと勢いよく送り出します。心震わせる最高のＰＥＰトークは、最後の激励の言葉で最高潮を迎えます。

このように、受容→承認→行動→激励の順に相手の気持ちに寄り添ってから、相手の気分を盛り上げていきます。この一連の流れは大一番を迎えるような特別な場面はもちろん、日常でも役に立ちます。同僚が落ち込んでいるときや、伸び悩んでいる部下との面談などにも応用できます。ただし、基本的にネガティブな状態にある相手に用いる話術なので、ポジティブな心理状態にある相手には用いません。

面談をしていて、相手がネガティブな心の状態にいると判断した場合には状況や気持ちを受容することから始めます。そして、本人が気づいていないポジティブな面を言葉にしたり、今あるものを見つけて意識を向けるように促します。そこから、実際にどういう具体的な行動ができるのかを一緒に考えます。

この一連の流れを面談の時間に応じて4つの構成に分け、話を進めます。30分の面談であれば、受容15分、承認7分、行動7分、激励1分など、話の状況に合わせて進めます。すぐにやる気を起こせないような場合は、1週間、1カ月といった一定期間のなかで面談を繰り返し、やる気が出るように運ぶこともできます。

緊張や不安、恐れといったそれぞれのネガティブな状態に応じて、取り組むべきアプローチの仕方は異なります。緊張している人にはワクワクや楽しさを感じられることを目的に、不安がある人にはできるという自信を与えることを目的に、最もネガティブな状態の恐れている人には安心を与えることを目的に話します。

ここで大事なのは、最初の受容場面で相手の心の状態をきちんと把握することです。心はネガティブなほうに大きく傾いているほど安心感を必要とします。それほど大きく傾いていないのであれば、安心感よりも「できる」という自信を与えたり、楽しさを感じさせたりするほうがやる気に結びつきます。

相手の心理状態に応じて言葉を掛けることの大切さの分かるエピソードを一つ挙げます。ある年の冬季オリンピックでのことです。当時フィギュアスケートの日本代表だったある女子選手は圧倒的な強さを誇り、金メダルを期待されます。ところが演技中に大きなミスをしてしまい、ショートプログラムで16位という順位になります。これは金メダルを目指していたその選手にとって絶望的な状況だったのです。

受け入れがたい現実に打ちのめされながらも、その選手はフリープログラムの演技に向かわなければなりません。リンクに向かう選手を励まそうと、姉がこんな言葉を掛けました。

「最後なんだから楽しんでやっておいでよ」

それを聞いた選手は

「こんな状況なのに楽しんでできるわけがない」

と言ったそうです。

そして迎えた演技の直前、悲壮感の漂う選手に対してコーチはこんな言葉を掛けました。

「何かあれば、先生がリンクに入って助けにいくからね」

選手はその言葉を胸にリンクに出ていきました。

その結果、選手は女子フリープログラム史上初となる全6種類、計8回の3回転ジャンプを成功させるという圧巻の演技で自己ベストも更新することができました。とてつもない絶望のなかにあったその選手に必要だったのは、楽しさを感じることよりも安心感を得ることだったのです。

このように、相手の心の状態によって何を与えるのが本当の優しさなのかが変わります。安心感なのか自信なのか、人とのつながりなのか。相手の心に合わせた言葉を掛けることが大切です。

「感情重視型」の対話で相手の立場に立つ

コミュニケーションとは言葉のキャッチボールではなく、想いのキャッチボールです。互いの想いを交わすコミュニケーションにおいては、話の内容を「正しく伝える」ということではなく「相手の心理状態に合わせて伝える」ことが何より大切です。この感情重視型対話法では相手の立場や視点に立ち、相手の心の状態に着目していきます。

人が話に納得して行動に移すときは、心で話を理解できたときです。話をした結果、相手が望む行動を取ってくれる例として、セールスでの対話が分かりやすいでしょう。

自動車販売店にファミリーカーの購入を検討している家族が試乗しに来たとします。ディーラーの販売員が車の規格や仕様、エンジンスペックやボディの素材などの車の性能をいくら説明しても、よほど車好きの人でもない限り響きません。ミニバンというファミリーカーを購入することで「どのような楽しい体験ができるか」「どんな家族の思い出をつくることができるか」というストーリーを語ったほうがはるかに家族の心に響きます。ストーリーを並べることでその車に乗るイメージができれば、心が動いて購入につながります。

職場で相手に伝えたいことがある場合も大筋は同じです。相手の心が動くには感情の変化に注目して話をすることが大切です。

相手の心の動きに気づくには、相手の心の状態を受容することから始まります。心の状態を受容するとは、まずは相手の心がどんな状態にあるかを見極めて、それをそのまま受け入れることです。見極めるポイントは、相手の心がプラスの状態にあるのかマイナスの状態にあるのか、そしてその振れ幅がどのくらいなのかということです。

例えばとても落ち込んでいる部下に対して「くよくよするなよ！　前向きに頑張ろう！」と明るく元気よく言ったとしても部下はそれについていくことができません。ネガティブな心境の深みにはまっている人にポジティブな声掛けをするのは、相手の心の状態を受容できていない状態です。「常にポジティブに考えることが正しく、それができていないとダメなんだ」という正論で向き合っても相手の心には響きません。相手に余裕がなければ、自分が伝えようとしている内容が正しいことであったとしても「伝えない」という選択をすることも考えられます。

相手の心の状態を推し量るには、自分のしたい話をする前に相手に話をさせることから始めるとよいです。「最近どう？」「何か困っていることある？」などと声を掛けます。最初に「あなたの話を受け入れる姿勢がある」ことを示す言葉を掛けると相手は自分のことを話し始めるので、相手の心の状態を見極めることができます。

相手の心の状態が分かったら、それに応じて話し方を変えます。心がポジティブな状態とは、自信、勇気、集中、肯定的、能動的、積極的、楽観的な心理状態です。ネガティブな心の状態とは、不安、恐れ、緊張、否定的、受動的、消極的、悲観的な心理状態です。ニュートラルな心の状態もありますが、この場合は自然に話して問題ないので省きます。

実際にはどのように対話を進めていけばよいのかを、ネガティブな状態とポジティブな状態とに分けて説明します。

◎ネガティブな心の状態に合わせて話す

ネガティブな状態にいる相手に対しては言葉を選んで話すことが大切です。特に相手の心がネガティブな状態に大きく振れている場合はカウンセラーのように相手に寄り添うところから始めます。

「すごくショックで立ち直れない」と話している相手に対して「ショックが大きかったんだね」と相手の言葉を繰り返し、相手の想いを受け止めていきます。注意しなければならないのは、相手に同情して一緒にネガティブな心の状態にならないようにするということです。聞く側は、ただ受容して受け止めるだけです。

相手は自分の気持ちを共感してもらえたと思うと、少し気持ちが軽くなって心を開き始めます。対話の最初のうちは、ひたすら受容のメッセージを示すことです。この段階では、まだ自分の話したいことは話しません。

相手が口にした想いを受容したところで「本当はどうしたいと思っているの？」と相手の望みに焦点を向けます。相手の内側に向いていた矢印を、外側の望む未来へと向けるのです。

そして、例えば「本当はみんなのために役立ちたいと思っています」というように望む未来を提示してくれたら「そのためには何が必要だろう？」「どうすればそれに近づけるだろう？」といった目的を叶えるための行動に目が向くように促します。それに対して「準備する時間を増やします」とか「一人ひとりにヒアリングしてみます」とかいうように具体的な行動を相手から引き出せたら、そこからは応援することです。「いいね！　そうするとできそう。それに～ができるともっと良さそう」と、ここで初めて自分の話したいことを伝えます。このときには相手の心は望む未来を向いており、そのために必要な意見として話を聞いてもらいやすくなっています。

◎ポジティブな心の状態に合わせて話す

相手がポジティブな心の状態にある場合、初めから伝えたい内容に踏み込んでも問題ありません。相手が積極的で意欲的に問題に取り組んでいるときは、その姿勢を承認することです。「最近テキパキと仕事をこなしているね」「自分から率先してやっているね」と相手の行動やあり方に気づいて認めているというメッセージを伝えます。自分でも実感していることを他人から言われることで、より自信をもって行動できるようになります。相手が目指している未来や目標を、コーチのように本人のなかから引き出していくことです。「このやり方で大丈夫でしょうか？」といった確認を求められたら「〜すると、もっといいんじゃない？」と自分の考えを伝えます。

なかには積極的に行動し過ぎてしまう人もいます。そういうときにはポジティブに振れ過ぎた思考を調整し、本人が気づけていないリスクや問題点に目を向けるようにすることが大切です。

論理的な正しさよりも、相手の感情に目を向けて話をするほうが人の心に響きます。それは他人に行動を促す話ができるということでもあります。正論は相手の心を傷つけ、理屈は相手の心を強張らせます。心の状態がネガティブであれば、心を緩ませ軽くして柔軟に変われる状態にし、ポジティブであれば行き過ぎることのないように中道（一方にかたよらない穏当な考え方・やり方）に引き寄せる、そんな関わり方が大切です。

最大の優しさは許すこと

仕事をしていると「あれだけ言ったのにまた繰り返すなんて許せない！」「あんな態度を取るなんて許せない！」などという「許せない」という感情が爆発することがあります。これは職場の対人関係のなかで最も厄介な感情であり、この沼に陥るとなかなか抜け出すことができません。

許せないことがあるとそのことにとらわれてしまい、人生の貴重な時間や頭のエネルギーを相手のために奪われることになります。許せないという感情が続くと自分自身の体調を壊すこともあります。許せないという感情で自らを害するよりも、相手を許せるようになるほうが自分のためです。

とはいえ、頭では分かっていても感情が制御できないこともあります。許すの語源は「緩める」ですが、それには自分の信念や正義感、義務感で硬くなった心を緩める必要があります。許すというのは、巨大化したネガティブな感情をコントロールするために最も高度な心の技が求められます。

人は、怒りが収まらないと許せなくなります。火の粉が小さいうちに怒りを鎮めることができればそれに越したことはありません。怒りの感情は意思によりコントロールすることができます。自分がどういう感情であるのかは選択することができるのです。

例を挙げると、母親が子どもにイライラして「何回言ったら分かるの？　いい加減にしなさい！　何度も何度も同じことを……」と怒鳴っている最中に電話がかかってきたとします。電話に出た瞬間、母親は急に声のトーンが切り替わって「もしもし？　はい、ご無沙汰しております」と別人のようになります。そして、電話を切った途端に再びお説教スイッチが入って「あんたは～」と続きが始まります。このとき、母親は自分の意思で感情を選択しています。怒っている人は相手のせいで怒りを抑えられないのではなく、自分で怒ることを選択しているのです。

意思の力、つまり思考が感情を選択します。思考が怒りという感情をつくっているのです。つまり、怒りは自分の意思でコントロールできるということをしっかりと認識することです。怒りをうまくコントロールできるようになるアンガーマネジメントというテクニックがあります。代表的なものを挙げてみます。

◎怒りを感じたら10秒数える

アメリカ建国の父、トーマス・ジェファーソンは「腹が立ったら何か言ったりしたりする前に10まで数えよ。それでも収まらなかったら１００まで数えよ。それでもダメなら１０００まで数えよ」と述べています（トーマス・ジェファーソン『雑録集』）。感情のピークは６秒といわれます。反射的な怒りでカッとなったときは、最初の10秒間をやり過ごすことができれば、そこから徐々に落ちつきを取り戻して冷静な判断ができ、売り言葉に買い言葉といった不要な発言を防ぐことができるようになります。怒りを覚えたら一晩寝かせて、翌日にもう一度自分の気持ちを確認することも大切です。

◎怒りに点数をつける

カッとなったら立ち止まって、その怒りが何点なのか１～10までの10段階で点数をつけます。１～３点は軽い怒り、４～６点は少し強い怒り、７～９点は強い怒り、10点は最大級の怒りです。数値化することで冷静になることができ、本当に怒る必要がある状況かの判断ができるようになります。

◎「～すべき」のボーダーラインを下げる

人間が自分の正しいと思うことと異なる行動をする人に対して怒りを覚えるのは、自分の信念から掛け離れているためです。他人の行動に怒りを覚えたときは、「～すべき」の基準を下げられないか考えてみましょう。例えば「待ち合わせ時間は、遅れたとしても10分以内には到着すべき」という基準をもっているなら、それを「30分以内に到着すべき」というところまで許容できないかというように考えてみます。

「～すべき」という思考自体が本当に正しい基準なのかどうか、その信念自体がいらないのではないかと見直してみることもできます。

◎相手の事情を察する

相手の言動に怒りの感情を覚えたら、すぐに相手を責めるのではなく「なんでだろう?」「どうしたんだろう?」「どんな事情があるんだろう?」とそのような行動をするに至った経緯や背景に思いを巡らせます。そしてそれを質問として投げかけると冷静に対話が成り立ち、考え方の違いをすり合わせることができるようになります。

◎怒りを生む一次感情を知る

怒るのは何らかの理由があるからで、その理由となる感情を一次感情といいます。一次感情には、不安や恐れ、悲しみ、侮辱感、屈辱感などがあります。

例えば「挨拶したのに挨拶を返されなかった」ことに怒りを覚えたとします。「なぜ自分は怒っているのだろう?」と考えてみると「無視されたことで自分の存在価値が下げられたと感じ、その屈辱感が怒りになっているんだ」ということに気づきます。このように一次感情を知ることで冷静に事態を見つめることができます。また、ネガティブな一次感情を味わうと自己受容が深まります。

◎自分王国の王様になる

自分の人生の主役は、ほかでもない自分自身です。人生という世界は自分色のメガネを通して見ているものなので、自分の解釈次第でいくらでも変えられます。自分という王様以外の登場人物は皆脇役です。自己重要感を損ねるようなことを言ってくる相手に対しては「よいよい、今日は無礼講だ」と言って無礼を許してあげればよいのです。

「何やってんだ！」と上司に頭ごなしに怒鳴られたとしたら「よいよい、今日は無礼講だ」と心のなかで唱えます。王様として寛大な心で接してあげていれば、たいていのことはきっと笑い飛ばせます。


　これらは反射的に生じる怒りへの対処法です。いろいろと試してみて、自分に合う方法を見つけてみましょう。

　しかし、反射的な「怒り」が長期的な「恨み」や「憎しみ」に変わって「許せない」という感情にまで達した場合は事情が異なります。「許せない」という感情が湧いてくるのは自分の心が深く傷ついたことによるもので、根本的に解消するには心の奥深い部分に入り込む必要があります。これについては、精神研究家リズ・ブルボーの著書『五つの傷』に詳しく書かれているので、興味がある人は参考にしてほしいと思います。

「競争する」より「共創する」

物心ついたときからわれわれは競争社会のなかを生きています。他者と競い合って勝つ者だけが弱肉強食の世界を生き抜いていけるという考え方は、個を重視する西洋的発想といえます。

強さを身につけなければ自分の身や周りの人を守ることはできないので、競争によって成長を促すことも必要です。しかしその一方で、競争社会の発展は強き者が弱き者を助ける仲間意識や共同体感覚を希薄にしてしまいました。

競い合って勝つことばかりが重視されると、他人を蹴落としたり、嵌めたり、騙したりするようになり、他人に勝つことで優越感をもったり負けて劣等感をもつようになります。勝ち負けにこだわると他人の成功を妬むようになります。そして、素直に相手の優れたところを認められず、相手の間違いや欠点などの粗を探すようになっていきます。

職場の人間関係がギスギスしていると感じるときは、決まって共同体の仲間意識が薄れています。自分の正しさを主張して、どちらが正しいかという勝ち負けにこだわるような関わり方になってしまうと、仲間であるはずの同僚が敵に思えてきます。

また、自分のことを分かってもらえないという孤立感によっても周囲が敵に見えてきます。誰よりも結果を出そうと頑張り過ぎて業務の負担をコントロールできなくなると、自分の身を守る生存本能が働き、仕事に関わる周囲の人を敵のように感じることもあります。競争には他者との関係を破壊する力があるのです。

職場内で社員同士を競い合わせれば、個人の成長を促すことはできるかもしれませんが、人間関係のしんどさが生じやすくなります。これに対し、できる人が教え合えば、自分の得意なことによって価値を提供できるのだという感覚を味わい、貢献することのすばらしさも実感できます。全体の成長につながり共同体感覚を高めることができるのです。もし、個人の業績を順位づけするなら、それは誰に何を教わればよいのかを可視化するためにやるべきです。

アフリカには、共同体に関する一つのことわざがあります。

「早く行くなら一人で行きなさい。遠くに行くならみんなで行きなさい」

手っ取り早く結果を出すなら一人でやったほうが早いかもしれません。しかし、より大きな成果を望むなら、時間が掛かるとしても仲間と力を合わせたほうが得られるものは大きくなります。効率を求め過ぎると、他者との考え方のズレや感覚のズレによって生産性が低くなることに意識が向いてしまい、もっと分かり合える人と働きたいと思うようになって仲間意識が薄れていきます。

他人を仲間だと思えると、他人を信頼することができるようになります。職場という利害関係のなかの条件つきで信じ合う「信用」の関係から、ありのままの存在を無条件に信じる「信頼」の関係に変わることが「他者信頼」の鍵となります。

終身雇用が成り立っていた時代は「社員は家族」という感覚をもって仕事をしていました。そこには、会社に入社すれば家族同様、生涯面倒を見て付き合っていく無条件の仲間だという感覚があったのです。終身雇用が成り立たなくなった今、「社員は家族」というのはしっくりこなくても「社員は同じ理念のもとに集う友達」という感覚ならもてるのではないでしょうか。友達という感覚をもつと、相手との心の距離が一気に縮まり仲間意識をもてるようになります。

利害を超えて見返りを求めない無条件の信頼関係にどこまで近づけるか。他者信頼は幸せな共同体感覚を育み、「競争社会」ではない「貢献社会」を築きます。

また、インドに伝わることわざを一つ挙げます。

「人に迷惑を掛けてもいい、その代わり迷惑を掛けられたら助けなさい」

「人に迷惑を掛けないように生きる」のが正しい生き方だと考えると、迷惑を掛ける人たちを悪とみなすので、迷惑を掛ける他者は敵になります。迷惑を掛けることは間違いだとすると、人に頼ることが悪いことに思えます。人に迷惑を掛けて人から迷惑を掛けられるのを受け入れることは、人から助けられ人を助ける貢献社会につながります。

人々が助け合うことについて、仏教には次のような逸話があります。

ある人が臨死体験をしてあの世に行きました。そこには天国と地獄の境の門番がいて

「死後の世界を見せてあげよう」と言いました。その人はまず地獄へ連れて行かれました。そこには長いテーブルにたくさんの人が並んで座っていて、テーブルには豪華な料理が置いてありました。

人々は料理を食べようとするのですが、まったく食べることができません。というのも、その人たちが持っているのは三尺三寸（約1メートル）もある長い箸で、誰も自分で自分の口に食べ物を運ぶことができないからです。目の前においしい食べ物があるのに食べられない苦しみ、飢える苦しみを味わっていました。

次に、その人は天国へ連れて行かれました。そこには地獄と同じように、長いテーブルにたくさんの人が並んで座っていて、テーブルには豪華な料理が並び、人々はやはり三尺三寸もある長い箸を手にしていました。

しかし、地獄と違って天国の人々は料理を食べることができていました。互いが相手の口に食べ物を運んであげることで料理を食べるという方法を取っていたからです。

この逸話は、人々が自力でなんとかしようとすると苦しむが、相手のために助け合うと喜びを得ることができるという本質を示唆しています。

そこには「私」という主語はなく、「私たち」という主語があります。

職場で働く人の一人ひとりが「私たち」という仲間意識をもつことで、職場のしんどさは軽くなっていきます。その意識が広がっていけば、業界、地域社会、日本社会といった共同体全体に仲間意識が芽生え、人は幸せな人間関係を構築することができます。

競合他社は競い合うと同時に困ったときは助け合う仲間でもあります。大型案件を自社で請け負いきれなければ他社に受注を回すことで助けてもらうことができますし、非常時に人手が足りなければ応援部隊を送ってもらい支援してもらうことができます。

敵だと思っていた人と仲間になれば持ちつ持たれつの関係が築けます。周りが仲間ばかりになって敵がいなくなると、その人は「無敵」になります。

内と外のコミュニケーションの違い

コミュニケーションには自分に対する内側のコミュニケーションと、他人に対する外側のコミュニケーションがあります。

人材育成のコーチングでは「答えはすでに相手のなかにある」と考え、その答えを引き出すことを目的としています。内側の自分とコミュニケーションを取ることができるようになれば、他人の助けを借りなくても自ら答えを見つけることができます。

内と外のコミュニケーションには「自他ともに同じように関わったほうがよいもの」と「自他に対して真逆の関わり方をしたほうがよいもの」があります。自他ともに同じように関わったほうがよいものは「自分にできるようになると、他人にもできるようになる」というのが原則です。例えば、自分を受容できると他人を受容できる、自分を許せると他人を許せる、自分を愛することができると他人を愛することができるといったことがこれに当たります。

一方、自分に対して行う分には問題がなくても、他人に対して行うと悪影響を及ぼすものもあります。具体的には次のようなものです。

◎自分に対しては批判するが、他人に対しては批判しない

成長するということは、改善すべき点を見つけてより良い状態に変えていくことです。改善点を見つける行為は、ダメな部分を批判的にとらえることから始まります。自分への

批判が自分の能力の不足感や無価値観を大きくしてしまうことがないように注意する必要はありますが、自らを批判的に見て改善しようとすることは、成長の原動力になります。

これに対して、他人に批判的になり改善させようとすることは、他人に変わることを強要する行為なので結果的に不幸になります。他人は期待どおりにならないことがあるためで、あくまでその人自らが改善しようと思うことが大切です。

◎自分に対しては原因を追求するが、他人に対しては追求しない

自分と相手の間に起こったトラブルに対して、自分自身の何が間違っていたのか原因を見つけてその問題に向き合うことは大切です。その過程で自分自身を責めたり自己否定したりすることがないよう注意する必要がありますが、それまでの経過や言動をさまざまな角度から振り返って、原因の仮説を立てることで問題を改善することができます。

一方、他人の行動について悪い結果の原因となるものを見つけようとするのは、その人との信頼関係を壊しかねません。間違えていたであろう行動を、あらゆる角度から他人に分析されて深掘りされると、本人のモチベーションが下がり意欲も低下します。周りの人

は本人に気づきを与えるきっかけをつくることです。あくまで、その人自らが原因を追求して改善しようと思うことが大切です。

会社に必要なのは人間性か、能力か

人間的な心を支える土台となるものは、他者と関わる仕事においては最も重要な要素です。能力や技術など知識や経験により培われるものは、その心の土台の上に乗るからです。土台が小さかったり揺れ動いて不安定であったりすれば、能力は転がり落ちてしまいます。植物に例えるなら、心が根に当たり、能力やスキルが花に当たります。種が芽吹いたとしても、根が弱々しかったり腐っていたりすれば、見事な花をつけることはできません。これと同様に、仕事で成功するには、根となる心の土台を形成するのが最も大切で、その次に能力やスキルを向上させるという順番で考えていきます。

人間性が高くて、仕事もできる。この2つの要素を兼ね備えていることが理想ですが、「Aさんは人柄は良いんですけど仕事ができなくて、周りからクレームが来ているんです」ということもあれば「Bさんは、能力は高いんですけど言葉がきつくて、周りの職員が辞めてしまうんです」ということもあります。

この場合、Aさんは「人間性は高いが能力が不足している」というタイプで、Bさんは「能力はあるが人間性が低い」というタイプです。職場では人間性と能力のどちらを重視すべきなのか、考えてみなければいけません。

「人間性が高い」とは、人望が厚い、人柄が良いなどに言い換えることができます。精神的成長を絶えず続けて心のあり方に磨きをかけている人です。このような人は、素直で正直、明るく親切、誠実で謙虚、前向きで積極的な心をもっています。

Aさんは、今は仕事ができなくても続けていれば経験を積み、ゆっくりでも能力が備わっていく可能性があります。または、Aさんの特性を活かせる仕事が見つかることもあり得ます。業務について最低限クリアすべきラインを明確にして、本人にはクリアできるように働きかけ、周りには応援するようにしてもらいます。周囲は「Aさんは必ず成長してくれる」と信じて応援することです。

ただしそれが新入職員であった場合、仕事を覚えようとする姿勢が見られなかったり、仕事への意欲が感じられなかったりすると、人間性の面でも能力の面でも問題があるということになります。意欲を感じられない原因が「経験不足のために、どうしたらよいのか分からない」というものなら、新人教育のやり方に問題があるので改善すべきです。しかし、本人にやる気がない場合は心を育てることから始めなければなりません。

一方、Bさんのようなタイプは仕事ができるので周りからは一目置かれます。しかし、仕事ができない人を見下すようなことをしたり、攻撃的になったりするとしたら心を育てる必要があります。仕事ができる人は優秀な人材のように思えますが、実は組織においては危険な存在にもなり得ます。仕事に熟達した社員が職場に少なければ、代わりになれる人が少ないので重宝され、もし素行に問題があっても上司が注意できなかったり、解雇できなかったりといったことが起こります。チームで仕事をする場合は、この社員に対して周りの人が顔色をうかがったり気を使ったりするようになります。そのためにほかの社員が自分の仕事に専念できなくなり、行き過ぎると離職したりすることにつながります。

企業が人材を採用するときに、キャリアや経験よりもコミュニケーション能力を重視するのは正しい選択といえます。能力のなかではコミュニケーション能力だけが心の成育を映し出すことができるからです。

根となる心が育ってないのに、能力やスキルばかり身についてしまうことは絶対に避けなくてはなりません。特にリーダーとなる人材の場合、この問題はより顕著になります。リーダーに求めるべき人物像は能力が高く実績がある人ではなく、人間性が高く人望が厚い人です。

AさんとBさんのタイプでいえば、Aさんのタイプのほうがリーダーの素質があります。Aさんは時間を掛けて習得すべきスキルや技能があったとしても、マネジメントの素質は備えているからです。リーダーの最重要課題はチームをまとめ、メンバーが力を発揮しやすい環境をつくることであって、自分の能力や技能で成績を残すことではありません。リーダー自身が成績を残さなくても、チームに属する社員が成績を挙げることでチームとしての成果は大きくなります。

これを間違えてBさんをリーダーに抜擢してしまうと、チームが団結することができず、チーム内でのトラブルがあとを絶たなくなります。Bさん自身も本来のスキルを発揮できなくなり、チームメンバーはもちろんBさん自身にとっても「しんどい」職場になってしまいます。

優秀で能力の高い人ほどチームの改善ポイントを見つけやすい傾向があります。それ自体は職場をより良いものにするために必要なことですが、ほかのメンバーへの伝え方や関わり方が心ないものであれば、チームの粗探しをしているようにも映ってしまいます。それではせっかくの能力を活かすことができません。日頃から自分と向き合い、周囲との関わり方にも気を配り、人間性を育んでいくことが大切なのです。

死を意識して生まれ変わる

死ぬときに後悔することのなかに「本当にやりたいことをやらなかったこと」「挑戦しなかったこと」「言いたいことを伝えられなかったこと」があるそうです。死を意識することは「自分が本当にやりたいことをやる」「新しいことに挑戦する」「大切な人に今まで言えなかったことを伝える」ことを促してくれます。

「一日一生」という言葉があります。一日を一生のように考えてみましょうということです。死ぬと、眠ったように目を閉じて再び目覚めることはありません。眠るという行為は、死を疑似体験する行為でもあります。眠りにつくときに「これで人生が終わるのだ」

と思うと、やり残したことが浮かんできます。そして、翌日に生まれ変わったような気持ちで目覚めたとき、今日こそは昨日やり残したことを実現しようという意思が芽生えます。

このように、一日一日を新たな自分として生きると思うと、やらなかったこと、できなかったことに対して行動を起こすきっかけになります。

私たちは目の前にいる人がいつまでも変わらずいるように錯覚して毎日を暮らしています。しかし、年齢を重ねるごとに大切な人との永遠の別れを経験することが増えていきます。ある日突然大切な人がいなくなり、会えなくなってから「もっとこうしておけばよかった」と悔やんだ経験のある人もいるはずです。失って初めて、感謝の気持ちを全然伝えていなかったことに気づかされるものです。

もし大切な人に二度と会えないとしたら、伝えそびれている言葉はいくつもあるのではないかと思います。夜、眠りに落ちる瞬間に死を疑似体験することで、周囲の人との関わりを見直すことができます。

また、一日一生のほかに「一年一生」という考えもあります。大晦日の数日前に、今年で自分の人生が終わると思うと本当に大切なことが見えてきます。除夜の鐘を命のカウントダウンの鐘の音のように聴いていると、自分の内面の深い場所から、感謝の気持ちが溢れてきます。

一日の終わり、一年の終わり……。私たちの人生のなかには、終わりを意識して生まれ変わる決意ができる機会はいくつもあります。自分自身を変え、人生をより豊かにし、仕事により深い喜びと楽しみを感じるようになるうえで、死を意識することは一つの方法なのです。

［第4章］

しんどいから抜け出す
～他者への意識が変われば豊かな人間関係が築ける～

感謝することで「幸せ」になる

職場の「しんどい」から抜け出し、幸せな職場にしていくためには、まず「感謝する」ことが大切です。

このことを深く理解するヒントとなる「知足」という言葉があります。知足とは「足るを知る」ということで、今あるものですべて満たされていることに感謝をするということです。自分がもっているものに対して「これで十分満たされているのだ」という感覚になると幸せを感じやすくなります。

例えば、風邪をひくと、頭が痛くなったり鼻水や咳が出たりします。喉が痛くなって唾を飲み込むのにさえ苦労することもあります。そういう状況になると、普段当たり前だと思っていた健康な状態が非常にありがたいものだと改めて気づかされます。

同様に、日常生活では当たり前のように思っている存在に感謝の念をもつと、幸せが溢れてきます。家族や同僚などから身の回りに存在する空気に至るまで、それらが自分にとってどれだけ「ありがたい」存在なのかを認識すると感謝の気持ちが高まって幸福感に包まれるのです。

一人暮らしを始めた途端、毎日ご飯を作ってくれていた母へ感謝をするようになったという経験をもつ人は少なくありません。「ご飯を作ってもらって当たり前」と思っていたら感謝の気持ちは生まれないのです。

職場でも同じです。「部下は働いて当たり前」とか「上司が守ってくれて当たり前」というように思っていたら上司や部下のありがたみを感じません。日々の「当たり前」は実は「ありがたい」ことで、それらに感謝することが幸せへの第一歩です。というのも、感謝をすると幸せを感じやすくなるからです。

「○○のおかげ」という感謝の輪を広げていくと、みんながつながっているような共同体としての感覚が得られます。そうやって周りを助けていきたいという貢献心が生まれるものだからです。自分が感謝して幸せを感じる状態にならないと、本当の意味で他人のために行動できないと私は考えています。

「満たされている」状態の反対が、「不足している」という感じです。これは人を不幸に導く感覚です。なかでも職場の「しんどい」を生みがちなものに「正義感」があります。

正義感というとプラスのイメージをもつ人が多いかもしれませんが、正義感は「責め心」を生みやすいものです。責め心は罪悪感を呼び、安心を脅かします。責め心が自分に向かうと「義務感」になります。「しなければならない」という過剰な責任感は人を不幸に導きます。

改めて「責任」という言葉を見てみると、「責める」という漢字が入っていることが分かります。これも責め心の一つです。私は責任という言葉を使わないようにしていて、「役目」とか「つとめ」という言葉に言い換えるようにしています。

このように、職場の「しんどい」を「幸せ」に変えていくには感謝からスタートして自分を満たすのと同時に、悪いストレスになりそうなものを手放していくことが大切なのです。

感謝されることで信頼されていく

感謝される仕事をコツコツ積み重ねていくと、次第に信頼されるようになります。感謝される仕事というのは相手を喜ばせることです。相手の要望に「はい！」と快く応えて解決していくと、相手に喜ばれます。相手に喜ばれることで信頼が積み重なっていき、その信頼が蓄えとなって、自分が困ったときに助けてもらえるようになります。自分が何かに挑戦するときには、応援もしてもらえるようになるでしょう。感謝され、信頼を獲得することこそが、その相手と良好な関係を築くことだといえます。

ビジネスにおいては、相手が感謝を表す方法の一つが、要望に応えてくれたことへの対価として「お金を払う」という行動です。そのため、相手に幸せや喜びを多く与えられる人ほど信頼を獲得し、経済的にも成功していきます。

とはいえ、何でも引き受けていたら自分の身がもちません。自分のキャパシティを大きく超えてまで引き受ける必要はないのです。仕事を引き受ける上限は、自分が無理することなくできるところが目安になります。

自分が源になる

「しんどい」状況を変えるための心のもち方として忘れてはならないのは「自分が源になる」という意識です。つまり、他人や環境のせいにせず、原因は自分にあると考えて、自分が周りに影響を与えていくという姿勢でいることです。

うまくいかないことを他人のせいにすると、結局は自分がしんどくなります。

仕事の進捗について遅れが出ていることについて「なんで報告してくれなかったの?」と聞くと「特に確認されなかったので」または「連絡を待っていたんですけど、来なかったので」などと答える人がいます。

これらはすべて他人のせいにしている例です。指示をもらえばやっていたとか、教えてくれるならできるとかいうのは自分を原因としていません。自分の行動を他人に依存しているのです。そういう人は自分の人生を自分の意思で生きていないので、他人の人生を生きることになります。それは自分でコントロールできる部分を自ら放棄しているということです。つまり、自分の力で目の前の状況を変えられないということを意味します。そのため人生や仕事に対して無力感を覚え、悲観的になりがちです。

「同僚が愚痴ばかり言っていて、職場の雰囲気が悪いのがしんどい」と言う人がいます。それをそのままにしておけば、しんどくなる一方です。しかし、そこで自分が源となって空気を変えることができれば、しんどい職場が幸せな職場になる可能性が見えてきます。

職場の空気を変えるのは、ちょっとした一言です。以前、訪問看護の現場でこんなことがありました。

真夏の猛暑日のことです。暑いなか、汗だくでたどり着いた訪問先には、エアコンがついていませんでした。あまりの暑さに誰もがうんざりしてしまうような状況のなか、こんな一言を発した人がいました。

「いやー、夏はいいね！　最高の太陽だね！」

から元気で発した言葉であることは誰の目にも明らかでしたが、この一言でその場のうんざりした空気は吹き飛んで、笑いが生まれたのです。こうした一言を発せる側になるのが「自分が源になる」ということです。

自分が源になるためには、難しいことをする必要はありません。自分にできることをしていけばよいのです。周りがやる気のない状態にあっても、自分はやる気をもってやっていく。周りが愚痴ばかり言っていても、自分は愚痴を言わない。指示がなければ自分から確認する。説明がなければ聞く。マニュアルがなければ作る。自分から元気に挨拶をするというだけでも周囲に良い影響を与えることができます。

また、自分が源になるうえで、周囲の悪い影響を受けないようにすることも必要です。特にネガティブな言葉や出来事に過剰に反応しないようにします。

業務を依頼した部下がミスをしたとします。「なんでそんなミスをしたのか」とついつい「責め心」が顔を出すかもしれません。しかし、そこでいったん冷静になって「そのスタッフに仕事を依頼したのは自分であり、自分が決めたことだから仕方ない」と考えるようにします。このやり方を選んだのは自分だと、自分で決めたことなのだと自覚するのです。

そう考えることは、自分を追い詰めているように見えるかもしれません。しかし、それは一見しんどくなるようで、いちばんしんどくならない方法なのです。人のせいにしていると「ネガティブな状況を自分にはどうにもできない」ということになり、その無力感が「しんどさ」を生みます。一方、自分が決めたことだととらえていれば「自分はそのネガティブな状況を変えられる」ということになります。自分がコントロールできる範囲が広がれば広がるほど、自分の人生は自分の力でなんとかできるという感覚をもてるようになります。そうすると、他人に依存しなくなります。つまり、自分の人生を自分で主導権をもって進んでいけるようになるのです。

自分が先、他人があと

職場の「しんどい」から抜け出すため、「自分が先、他人があと」だということを意識するのも大切です。

他者との人間関係では、「自分が相手に対してある行為をできるようになりたいのに、なかなかできるようになれない」という悩みがあります。例えば、「人を褒めたいのに、褒められない」「人を許したいのに、許せない」などといったことです。

そんなときは「自分自身に対してできないことは、他人に対してもできない」ものであることを意識しましょう。自分に厳しい人は、他人にも厳しいです。「自分に厳しく、他人に優しく」というのは、理想的な人格者に思えます。しかし、自分に厳しい人は、普段は他人に優しくしているようでも、窮地に追い込まれると他人にも厳しく接するものです。

また、他人の行動を変えるようにしたい人は、まず自分が相手にしている行動を改めて今までと違う行動をする必要があります。そのためには自分を変えなければいけません。他人の行動を変えるには、まず自分の行動を変えるのです。

人を動かすには、まず自分を動かす。
人を褒めるには、まず自分を褒める。
人を楽しませるには、まず自分を楽しませる。
人を愛するには、まず自分を愛する。
人に優しくなるには、まず自分に優しくなる。
人を許すには、まず自分を許す。
人を信じるには、まず自分を信じる。
人を幸せにするには、まず自分を幸せにする。

自分に対して「いいんだよ」と許すことができると、他人に対しても許せるようになります。自分の気持ちが満ち溢れてきたら、他人にも心配りできるようになります。

自分自身にできるようになって、初めて他人にもできるようになるのです。

返報性の法則

人は他人から与えられると、お返しをしたいという気持ちになります。この心理が「返報性の法則」と呼ばれるものです。職場の「しんどい」から抜け出すためには、「返報性の法則」を意識することも欠かせません。

返報性の法則は日常生活のあらゆるところで利用されています。例えば、スーパーやデパートの試食コーナーや化粧品などの試供品、サービスの無料体験などがこれに当たります。商品やサービスを企業が無償で提供することで、企業側は一時的に損をすることになります。しかし、無料でサービスを受けた側は「ここまでしてもらったから買おう」という心理が働いて財布の紐を緩めます。すると、結果として商品を買ってもらうことができ、企業は得をするというわけです。

この法則に基づくと、人の行動を促すなら自分が先に行動すればよいということになります。私自身の実体験でも、苦手な人に感謝の気持ちを伝えるようになったことで、相手の態度が変化していったことがありました。また、愛想のない人に自分から声を掛けていくことで、関係が良くなっていったこともあります。

感謝をすると感謝されます。応援すれば応援されます。自分から発した行為は、必ず自分に返って来るのです。

コントロールできることに集中する

世の中には「自分にコントロールできること」と「自分にはコントロールできないこと」があります。自分にはコントロールできないことをなんとかしようとすると苦しくなり、それは「しんどさ」を生むだけです。コントロールできないものについては割り切り、自分にコントロールできることに集中することが大切です。

●自分はコントロールできるが、他人はコントロールできない

特に人間関係においては大切な考え方です。立場が強い人は無意識に「相手をコントロールできる」と思ってしまいがちです。すると、できないことにイライラしてしまいま

す。自分と他人との間に境界線を引くことで、自分は自分、他人は他人と理解することができます。

大事なのはコントロールしようとするのではなく、どうすれば影響を与えられるのかを考えることです。自分のほうに関心を向け、「自分にできることはないか」という方向で考えることが大切です。

●原因はコントロールできるが、結果はコントロールできない

ダイエットをしようと考えて、どんなトレーニングをどれだけするかは自分でコントロールができます。しかし、その結果何キログラム体重を減らせるかはコントロールできません。原因となる行動はコントロールすることはできますが、結果は自分でコントロールすることはできないのです。そのため、結果ばかりに注目すると苦しくなります。

PEPトークでは、サッカーの試合で選手をピッチに送り出すときに「絶対点を取ってこい！」とは言いません。それは結果に注目した発言だからです。「ボールをもらったら、ゴールの角を狙って思いっきり蹴り込むんだ！」というように、原因のほうに注日した発

言をします。

●人為的なことはコントロールできるが、自然現象はコントロールできない

地震や風水害など、自然災害からは逃れようがありません。科学技術が発達したからといって、人間が地球の活動をコントロールすることどころか、完璧に予測することすら難しいのが現実です。人の力の及ばないことに対して「なんでこの日に台風が……」「こんなときに大雨で電車が遅れるなんて……」などと考えてもしんどくなるだけです。

●今のことはコントロールできるが、未来のことはコントロールできない

目の前のことに集中して「今」の状況を変えることはできますが、その結果として訪れる未来はコントロールできません。私たちにできることは、まだ起きていない未来のことを、過度に期待したり心配したりすることではありません。今どれだけ悩んだところで答えが出ないものは出ないし、やれることは限られています。今、目の前で起きていることに集中するということです。

●思考はコントロールできるが、感情はコントロールできない

感情には、悲しい・恐い・不安などの一次感情と、怒りなどの二次感情があります。これらのうち、一次感情はコントロールすることができません。反射的に湧き上がる感情なので、自分の意思ではどうにもならないのです。

一方、怒りなどの二次感情はコントロールすることができます。二次感情は一次感情を抑えたり隠したり逃避しようとするために利用されるものだからです。

感情のピークの6秒間をやり過ごし、一度冷静になった状態で「出来事をどう解釈するのか」は自分次第です。私たちは過去に起こったことをポジティブに解釈することもできれば、ネガティブに解釈することもできます。コントロールできない一次感情である悲しい・恐い・不安という感情をコントロールして抑え込もうとするとしんどくなり、それが積み重なると体調を崩すこともあります。反対に、感情をそのまま受け入れようとすると「自己受容」が深まります。

このように、自分にコントロールできることとできないことがあります。自分にコントロールできることに集中し、コントロールできないことは仕方ないと手放すことが「しんどさ」を解消することにつながります。

物事には二面性がある

「しんどい」状況に陥ったときは、物事のネガティブな面に目がいきがちです。そんなときに忘れてはならないのは、どんなことであってもネガティブな面だけでなくポジティブな面があるということです。自分の「強み」を考えるときには「弱み」が良いヒントになったように、物事の陰と陽は、コインの裏表のように表裏一体となっています。

例えば、次々に新しいものに惹かれてしまって飽きっぽいという性格は好奇心旺盛と言い換えることができます。臆病な性格は思慮深いとも言えます。慎重なのは計画性があるととらえることもできます。対象自体は変わらなくても、解釈する側がどうとらえるかによってポジティブなとらえ方もできればネガティブなとらえ方もできるのです。自分のネガティブな面をポジティブに考えることができると、人のネガティブな面もポジティブにとらえることが可能です。

これは性格についてだけでなく、状況についても同じです。人気が出るのは良いことですが、一方でアンチの数も増えます。成功するのは喜ばしいことですが、それを妬んで足を引っ張ろうとする人が出てきます。とらえ方によって失敗は学びにもなるし、ピンチは同時にチャンスでもあるのです。

しんどいときには、今のネガティブな状況の裏にあるポジティブな要素を探してみるとよいです。そして、自分は必ず切り抜けられると信じることが大事です。苦しみや面倒なこと、失敗や損失などのネガティブなことを先取りすると、あとからポジティブなことがついてきます。幸いにも今ポジティブな状況にあるなら、その裏にあるネガティブな面を認識して気を引き締めることです。

デメリットを見ないようにして、メリットだけを見ていると足をすくわれます。対して、デメリットばかり見ていると不安になって前に進めません。両方とバランスよく向き合うことが大切です。

おわりに

介護の現場では心からの「ありがとう」が日々行き交っています。介護の仕事に携わっていると、介護サービスを受けている方々から直接「ありがとう」と感謝されることも多くあります。

その一方で、介護が必要になったお年寄りは自身が感謝されるという場面が極めて少ないのが現実です。それどころか、周囲から邪魔者扱いされることすらあります。結果として自身の存在を否定され続けているような気持ちを抱いている方も多くいます。

長年社会に貢献してきた高齢者の方々は、本来なら感謝されるべき存在です。そんな人生の先輩方に自分が受けてきたご恩を送り、残りの日々を少しでも楽しく過ごしていただきたいという気持ちから私が介護事業を始めたのは２０１２年のことでした。

実は、その背景には自分が身内を大切にできなかったという苦い過去があります。今の私のあり方に大きな影響を与えた人物は二人います。

一人は若くして亡くなった弟です。

私自身はもともとストイックな性格で、ことあるごとに自分で自分にプレッシャーをかけて奮い立たせてきました。高校生のときに一念発起して実家を出て一人暮らしを始めたとき、「つらくなったらいつでも帰ってきていいからね」と送り出してくれた母の優しい言葉にまで歯痒さを感じたものです。当時の私は「成功するまでは二度と家の敷居を跨ぐな」というくらいの厳しさを欲していたのです。

そのストイックさゆえに、かつては自分にするのと同じ厳しさで周囲に接していました。

海外に留学していた私の弟が弱音を吐いたことがありました。「日本に帰りたい……」言葉も習慣も違う異国の地で、私には計り知れないつらさを抱えていたのだと思います。しかし、私は弟の心に寄り添うことができませんでした。それどころか、「気合と根性で最後までやり遂げるべきだ」という自分の信念と正しさを押し付け、かえって発破をかけるようなことを言ってしまったのです。中学校を卒業したばかりの弟にとって、兄の言葉は絶対的でした。そのアドバイスにしたがって弟は日本に帰国せず、その後、無理がたたったのか心を患うことになりました。それ以来、私は「もし、自分があのとき違う対応をしていれば……」という後悔に長年苛まれ続けました。

それからしばらくして、私は福祉の仕事を志すことになります。

もう一人は祖母です。介護事業を立ち上げたばかりの頃、祖母の容態が悪いという知らせを受けました。私のことをかわいがってくれた大切な祖母であったにもかかわらず「容態が悪いとはいえ、今はとても職場を抜けることができない」と、目の前の仕事を優先してしまいました。その結果、私は祖母の最期に会いに行くことができませんでした。自分にとってかけがえのない存在であったのに、なぜ後回しにしてしまったのか。何のためにこの仕事を始めたのか。私は自分の本当の優先順位が分かっていなかったのです。

自分の価値観や軸がはっきりしていれば、仕事に忙殺されるような状況においても判断を誤ることはなかったはずです。常日頃から自分の優先順位をはっきりさせ、随時アップデートしておくことで、日常でも人生の大切な場面でも決断を間違えることはほとんどなくなりました。

大切な家族が身をもって教えてくれたことに加えて、介護の現場でさまざまなスタッフとコミュニケーションを取っていくなかで、一人の人間としてだけでなく経営者の立場から「どうすれば働くうえでの『しんどさ』を解消できるのか」ということを私は長年考え続けてきました。その考え抜いた結果がこの本に書かれていることです。

最後に、この本を出版するにあたってお世話になった方々へ、感謝を伝えさせてください。

尊敬する両親と大切な弟妹へ

みんなのおかげで今の自分があります。産んでくれてありがとう。育ててくれてありがとう。これからも仲良くやっていこうね。

愛する妻と子どもたちへ

家族がいるおかげで、毎日仕事を続けることができている。「しんどい」ときも心の支えになってるよ。家族といる時間は最高に幸せです。いつも一緒にいてくれてありがとう。

ライフラインの仲間たちへ

開業して10年。どうにかやってこられたのはみんなのおかげです。良い職員が集まり、すてきな仲間に囲まれて本当に幸せです。これからも、利用者さまが感謝と喜びと幸せに包まれる場所、そして、ともに楽しく成長できる場所をつくっていきましょう。

この本を執筆するにあたって、編集を担当してくださった幻冬舎メディアコンサルティングの皆さんのおかげで思考が整理され、新たな気づきもありました。

それは仕事に活かされています。無事に出版することができ、とても感謝しています。

そして、ここまで拙著を読んでくださったあなたへ

最後までお付き合いいただき、本当にありがとうございました。職場の人間関係の問題はどこにでもありますが、ここで説明してきたことは、どんな職場でも応用ができるはずです。本書が、今「しんどさ」を抱えている人の助けになればこんなにうれしいことはありません。

誰かにとっての「しんどい職場」が、みんなにとって「幸せな職場」になることを心から願っています。

申 大樹（しん ひろき）

株式会社ライフライン代表取締役。群馬県前橋市出身。福祉の仕事で社会の役に立ちたいという思いから、前橋市で2012年にルル訪問看護ステーションを設立し、2015年には住宅型有料老人ホームプラチナホームさくらを設立する。「利用者様の喜びと幸せを最優先する」という事業理念と、「どこに行っても、誰とやっても通用する人財になる」という育成方針のもと、よりいっそう地域社会に愛され求められる存在であるよう、訪問看護事業、居宅介護支援事業、有料老人ホーム、デイサービスを展開している。「楽しく働く研究家」としてブログを更新中。

本書についての
ご意見・ご感想はコチラ

職場がしんどい
つらい人間関係から抜け出す本

二〇二二年八月二〇日　第一刷発行

著　者　申 大樹
発行人　久保田貴幸
発行元　株式会社　幻冬舎メディアコンサルティング
〒一五一-〇〇五一　東京都渋谷区千駄ヶ谷四-九-七
電話　〇三-五四一一-六四四〇（編集）
発売元　株式会社　幻冬舎
〒一五一-〇〇五一　東京都渋谷区千駄ヶ谷四-九-七
電話　〇三-五四一一-六二二二（営業）
印刷・製本　中央精版印刷株式会社
装　丁　弓田和則

検印廃止

Printed in Japan　ISBN 978-4-344-93862-5 C0036
幻冬舎メディアコンサルティングHP　http://www.gentosha-mc.com/